МОЈИ КОЛАЧИ 2022

УКУСНИ РЕЦЕПТИ ЗА СВАКУ ПРИЛИКУ ЈЕДНОСТАВНО ПРАВИТИ

САЊА ЦМОЛИЋ

Садржај

крем пите 11
Дански крем торте 12
воћни тарте 13
Ђеновски колач 15
Гингер Пие 16
Пите са џемом 17
Пита од плода хикорије 18
Пита од јабука пецан 19
Гаинсбороугх Пие 20
Лимун пита 21
Тартлетс са лимуном 22
Наранџаста пита 23
Пита од крушака 24
Торта од крушке и бадема 25
Краљевски колач од грожђица 27
Пита од сувог грожђа и павлаке 29
Торта од јагода 30
Пита од меласе 32
Торта од ораха и меласе 33
Амисх Схоо-фли торта 34
Парче бостонске креме 35
Америчка бела планинска торта 36
Амерички колач од млаћенице 38

Цариббеан Гингер Рум Цаке 39

Сацхерторте 40

Цариббеан Рум Фруит Цаке 42

Дански путер торта 44

Данска торта са кардамомом 45

Питхивиерс торта 46

Кинг цаке 47

Карамел крем 48

Гугелхопф 49

Гугелхопф луксузна чоколада 51

Летите 53

Алмонд Столлен 55

Украден са пистаћима 57

баклава 59

Мађарски стрес се врти 60

Панфорте 62

Паста Риббон Цаке 63

Италијански пиринчани колач са Гранд Марнијером 64

Сицилијански бисквит 65

Италијански колач од рикоте 67

Италијанска торта од вермичела 68

Италијанска торта од ораха и маскарпонеа 69

холандски колач од јабука 70

Обична норвешка торта 71

норвешки крансекаке 72

Португалски колачи од кокоса 73

Скандинавска тоска торта 74

Хертзог кекси из Јужне Африке	75
Баскијски колач	77
Бадемов крем сир призма	79
Шварцвалд торта	81
Чоколадна торта од бадема	82
Цхоцолате Цхеесецаке	83
Чоколадна торта	85
Колач од рогача	87
Колач са леденом кафом	88
Колач од кафе и ораха	89
Данска торта са чоколадом и кремом	91
Фруит Цакес	93
Воће Саварин	94
Гингер Лаиер Цаке	96
Колач од грожђица и брескве	97
Лемон цаке	99
Бровн Цаке	100
Хајдучка трава	102
Наранџаста торта	103
Четворослојна торта од наранџе од мармеладе	104
Колач од ораха и урме	106
Колач од шљива и цимета	108
Колач од сувих шљива	109
Раинбов Стрипе Цаке	111
Торта Ст-Хоноре	113
Колач од купуса од јагода	115
торта од јагода	116

Моуссе торта од јагода 117

Ускршњи шешир.. 119

Симнел Ускршњи колач 121

Торта дванаесте ноћи... 123

Микроталасна торта од јабука 124

Микроталасна торта од јабуке 125

Колач од јабука и ораха у микроталасној пећници 126

Шаргарепа у микроталасној пећници 127

Колач од шаргарепе, ананаса и ораха у микроталасној... 128

Зачињени колачи од мекиња у микроталасној 130

Микроталасна маракуја Банана Цхеесецаке 131

Чизкејк од наранџе у микроталасној пећници 132

Микровална пећница од сира од ананаса 134

Хлеб од вишње у микроталасној пећници 135

чоколадна торта у микроталасној пећници 136

Чоколадна торта од бадема у микроталасној пећници ... 137

Двоструки чоколадни колачи у микроталасној пећници ... 139

Чоколадице са урмама за микроталасну 140

чоколадни квадрати у микроталасној пећници 141

Брзи колач од кафе у микроталасној пећници 142

Божићна торта у микроталасној пећници 143

Торта од мрвица у микроталасној пећници 145

микроталасне датумске траке 146

Хлеб од смокава у микроталасној 147

Воћни колач у микроталасној пећници 148

Кокосово воће у микроталасној пећници 149

Слатки колач у микроталасној пећници 150

Медењак у микроталасној пећници	151
микроталасне плочице ђумбира	152
Златна торта у микроталасној пећници	153
Колач од меда и лешника у микроталасној	154
Жвакаће шипке са муслијем у микроталасној	155
колач од орашастих плодова у микроталасној пећници	156
Колач са соком од поморанџе у микроталасној пећници	157
Павлова у микроталасној	158
колачић у микроталасној пећници	159
Слатки колач са јагодама у микроталасној пећници	160
Бисквит у микроталасној пећници	161
Султана шипке у микроталасној	162
Чоколадни колачићи у микроталасној пећници	163
Кокосови колачићи у микроталасној пећници	164
Фирентинци у микроталасној	165
Колачићи од лешника и трешања у микроталасној пећници	166
Султана колачићи у микроталасној	167
Банана хлеб у микроталасној	168
Хлеб са сиром у микроталасној пећници	169
микроталасни хлеб од ораха	170
Амаретти торта без печења	171
Амерички хрскави пиринчани штангли	172
Квадрат од кајсије	173
Колач од кајсија	174
Брокен Цоокие Цакес	175
Колач од млаћенице без печења	176
Слице кестена	177

Кестен бисквит 178

Чоколадне и бадемове плочице 180

Чоколадна хрскава торта 181

Квадрати чоколадне мрвице 182

Чоколадна торта у фрижидеру 183

Торта од чоколаде и воћа 184

Чоколадни ђумбирски квадрати 185

Делуке Цхоцолате Гингер Скуарес 186

Колачићи од чоколаде и меда 187

чоколадни миллефеуилле 188

Лепе чоколадице 189

Чоколадни пралине квадрати 190

Кокосов чипс 191

Хрскаве шипке 192

Црунцхиес од кокосовог грожђа 193

Квадрат од млека и кафе 194

Воћна торта без печења 195

воћни квадрати 196

Крекери од воћа и влакана 197

Ноугат слој торта 198

Млеко и мускатни орашчић 199

Хрскави мусли 201

Оранге Моуссе Скуарес 202

Кикирики квадрати 203

Пепермит карамел колачи 204

Пиринчани крекери 205

Тоффе од пиринча и чоколаде 206

паста од бадема 207

Бадемова паста без шећера... 208

Краљевска глазура 209

глазура без шећера 210

Фондант Ицинг 211

глазура од путера 212

Чоколадна глазура 213

Глазура од путера од беле чоколаде 214

Глазура од путера од кафе 215

глазура од лимуновог путера 216

Глазура од путера од поморанџе 217

Сирна глазура 218

Наранџаста глазура 219

крем пите

Дајте 12

Прхко тесто 225 г/8 оз

15 мл/1 кашика шећера (супер финог)

1 јаје, лагано умућено

¼ пт/150 мл/2/3 шоље топлог млека

Прстохват соли

рендани мушкатни орашчић за посипање

Разваљајте тесто и њиме обложите 12 калупа за тартлете (калупи за галетте). Помешајте шећер са јајетом, па постепено додајте врело млеко и со. Сипајте смесу у подлоге за тарт (фондс де тарте) и поспите мушкатним орашчићем. Пеците у загрејаној рерни на 200°Ц/400°Ф/термостату 6 20 минута. Оставите да се охлади у калупима.

Дански крем торте

Дајте 8

200г/7оз/мало 1 шоља путера или маргарина

2¼ шоље/9 оз/250 г обичног брашна (за све намене)

1/3 шоље/2 оз/50 г шећера у праху (за посластичаре), просијано

2 жуманца

1 количина данског крем фила

Утрљајте путер или маргарин у брашно и шећер док смеса не буде личила на презле. Мутите жуманца док се добро не сједине. Покријте прозирном фолијом (пластичном фолијом) и оставите у фрижидеру 1 сат. Развањајте две трећине теста (теста) и њиме обложите подмазане калупе за тартлет (калупе за галете). Филовати крем филом. Остатак теста развуците и исеците поклопце за тартлете. Навлажите ивице и притисните заједно да се запечате. Пеците у претходно загрејаној рерни на 200°Ц/400°Ф/термостату 6 15-20 минута док не порумени. Оставите да се охлади у калупима.

воћни тарте

Дајте 12

75 г/3 оз/1/3 шоље путера или маргарина, исеченог на коцкице

175 г/6 оз/1½ шоље обичног брашна (за све намене)

45 мл / 3 кашике. кашика шећера у праху (супер финог)

10 мл / 2 кашике. ситно нарендана кора поморанџе

1 жуманца

15 мл / 1 кашика воде

175 г/6 оз/¾ шоље крем сира

15 мл / 1 кашика млека

350 г/12 оз мешаног воћа као што је преполовљено грожђе без семенки, сегменти мандарина, нарезане јагоде, купине или малине

45 мл / 3 кашике. кашике џема од кајсије (из конзерве), просејано (процеђено)

15 мл / 1 кашика воде

Утрљајте путер или маргарин у брашно док смеса не личи на презле. Умешајте 30 мл / 2 кашике. кашика шећера и пола коре поморанџе. Додајте жуманце и воду тек толико да добијете мекано тесто. Умотајте у прозирну фолију (пластичну фолију) и оставите у фрижидеру 30 минута. Разваљајте тесто (тесто) на 3 мм дебљине на лагано побрашњеној површини и користите за облагање 12 калупа (у облику чамца) или тартлет. Покријте пек папиром (навоском), сипајте пасуљ и пеците у загрејаној рерни на 190°Ц/375°Ф/термостат 5 10 минута. Уклоните папир и пасуљ и кувајте још 5 минута док не порумени. Оставите да се хлади 5 минута у калупима, а затим одложите на решетку да се заврши хлађење.

Умутите сир са млеком, преосталим шећером и корицом поморанџе док не постане глатка. Сипајте у коре за питу (љуске за питу) и по врху поређајте воће. Загрејте џем и воду у малој шерпи док се добро не сједине, а затим премажите воће да глазира. Охладите пре сервирања.

Ђеновски колач

Прави питу од 9"/23 цм

Лиснато тесто 100г/4оз

2 оз/¼ шоље/50 г путера или маргарина, омекшаног

75 г/3 оз/1/3 шоље шећера у праху (супер финог)

75 г/3 оз/¾ шоље бадема, сецканих

3 јаја, одвојена

2,5 мл/½ кашичице есенције ваниле (екстракт)

100 г/4 оз/1 шоља обичног брашна (за све намене)

2/3 шоље/4 оз/100 г шећера (кондиторског) шећера, просејаног

Сок од ½ лимуна

Разваљајте тесто на лагано побрашњеној радној површини и њиме обложите калуп за торте величине 23 цм. Избодите све виљушком. Умутите путер или маргарин и шећер у праху док не постану глатки. Постепено убаците бадеме, жуманца и есенцију ваниле. Умешајте брашно. Умутите беланца у чврст снег, па их умешајте у смесу. Сипајте у калуп за колаче (основа за питу) и пеците у загрејаној рерни на 190°Ц/375°Ф/термостат 5 30 минута. Оставите да се охлади 5 минута. Помешајте шећер у праху са лимуновим соком и намажите га на питу.

Гингер Пие

Прави питу од 9"/23 цм

2/3 шоље/8 оз/225 г златног сирупа (светли кукуруз)

250 мл/1 шоља кључале воде

2,5 мл/½ кашичице. млевени ђумбир

60мл/4 тсп ситно исецканог кристализованог (ушећереног) ђумбира

30 мл/2 кашике кукурузног скроба (кукурузни скроб)

15 мл / 1 кашика креме за пециво

1 основна кутија за колаче од сунђера

Сируп, воду и млевени ђумбир проври, а затим умешајте кристализовани ђумбир. Помешајте кукурузни скроб и крему у праху у пасту са мало воде, затим умешајте у мешавину ђумбира и кувајте на лаганој ватри неколико минута, непрестано мешајући. Сипајте фил у кору за питу (љуску) и оставите да се охлади и стегне.

Пите са џемом

Дајте 12

Прхко тесто 225 г/8 оз

175 г/6 оз/½ шоље чврстог или целог воћног џема (продавница)

Разваљајте тесто (тесто) и њиме обложите подмазан плех (тесто за палачинке). Поделите џем између тартлета и пеците у загрејаној рерни на 200°Ц/400°Ф/термостат 6 15 минута.

Пита од плода хикорије

Прави питу од 9"/23 цм

Прхко тесто 225 г/8 оз

50 г/2 оз/½ шоље пекана

3 јаја

2/3 шоље/8 оз/225 г златног сирупа (светли кукуруз)

75 г/3 оз/1/3 шоље меког смеђег шећера

2,5 мл/½ кашичице есенције ваниле (екстракт)

Прстохват соли

Разваљајте лиснато тесто на лагано побрашњеној површини и ставите у намазану посуду за питу пречника 9 цм/23 цм. Покријте пек папиром (навоском), пуните печеним пасуљем и пеците на слепо у загрејаној рерни на 190°Ц/375°Ф/термостат 5 10 минута. Уклоните папир и пасуљ.

Поређајте пекане у лепом узорку у љуску за питу (љуску за колаче). Умутите јаја док не постану лагана и пухаста. Додајте сируп, затим шећер и наставите да мутите док се шећер не раствори. Додајте есенцију ваниле и со и умутите док не постане глатка. Смесу сипајте у калуп и пеците у загрејаној рерни 10 минута. Смањите температуру рерне на 180°Ц/350°Ф/термостат 4 и пеците још 30 минута док не порумени. Оставите да се охлади и стегните пре сервирања.

Пита од јабука пецан

Прави питу од 9"/23 цм

2 јаја

350 г/12 оз/1½ шоље шећера у праху (супер финог)

50 г/2 оз/½ шоље обичног брашна (за све намене)

10 мл/2 кашичице прашка за пециво

Прстохват соли

100 г куваних (пита) јабука, огуљених, ољуштених и исечених на коцкице

100 г/4 оз/1 шоља пекана или ораха

150 мл/¼ пт/2/3 шоље шлага

Умутите јаја док не постану бледа и пенаста. Додајте све преостале састојке, осим креме, један по један наведеним редоследом. Сипајте у подмазан и обложен калуп за торте величине 9 цм/23 цм и пеците у претходно загрејаној рерни на 160°Ц/325°Ф/гас 3 око 45 минута док добро не напухне и не порумени. Послужите са кремом.

Гаинсбороугх Пие

Прави питу од 20 цм

25 г/1 оз/2 кашике путера или маргарина

2,5 мл/½ кашичице прашка за пециво

50 г/2 оз/¼ шоље шећера (супер финог)

100 г/4 оз/1 шоља осушеног кокоса (ренданог)

2 оз/50 г/¼ шоље глазираних трешања (кандираних), сецканих

2 умућена јаја

Растопите путер, затим умешајте преостале састојке и сипајте у намазани и обложен плех од 8 инча/20 цм. Пеците у претходно загрејаној рерни на 180°Ц/350°Ф/термостату 4 30 минута док не постану еластични на додир.

Лимун пита

Прави питу од 25 цм

Прхко тесто 225 г/8 оз

100 г/4 оз/½ шоље путера или маргарина

4 јаја

Рендана кора и сок од 2 лимуна

100 г/4 оз/½ шоље шећера у праху (супер финог)

250 мл/1 шоља дупле креме (густе)

Листови нане за украшавање

Разваљајте лиснато тесто на лагано побрашњеној површини и њиме обложите плех од 25 цм/10. Избоцкајте дно виљушком. Покријте пек папиром (воштаним) и пуните печеним пасуљем. Пеците у загрејаној рерни на 200°Ц/400°Ф/термостат 6 10 минута. Уклоните папир и пасуљ и вратите у рерну на још 5 минута док се дно не осуши. Смањите температуру рерне на 160°Ц/325°Ф/ознаку 3 за гас.

Отопите путер или маргарин, па оставите да се охлади 1 минут. Умутите јаја са лимуновом корицом и соком. Додајте путер, шећер и крему. Сипати у кору за питу и пећи на смањеној температури 20 минута. Оставите да се охлади, па пре сервирања у фрижидеру, украсите листићима нане.

Тартлетс са лимуном

Дајте 12

8 оз/1 шоља путера или маргарина, омекшаног

3 оз/½ шоље/75 г шећера (кондиторског) шећера, просијаног

175 г/6 оз/1½ шоље обичног брашна (за све намене)

50 г/2 оз/½ шоље кукурузног брашна (кукурузни скроб)

5 мл/1 тсп. рендана лимунова кора

За украс:

30 мл/2 кашике лимуновог цурда

30 мл/2 кашике шећера (кондиторског), просијаног

Мешајте све састојке за торту док не омекшају. Сипати у кесу и украсно лупати у 12 папирних кутија постављених у калуп за хлеб (тепсију). Пеците у претходно загрејаној рерни на 180°Ц/350°Ф/термостат 4 20 минута док не порумени. Оставите да се мало прохлади, па на сваки колач сипајте по кашику лимун цурда и поспите шећером у праху.

Наранџаста пита

Прави питу од 9"/23 цм

1 основна кутија за колаче од сунђера

400 мл/14 фл оз/1¾ шоље сока од поморанџе

2/3 шоље/5 оз/150 г шећера у праху (супер финог)

30 мл/2 кашике креме за пециво

15 г/½ оз/1 тбсп. кашика путера или маргарина

15 мл / 1 кашика рендане корице поморанџе

Неколико кандираних кришки наранџе (опционо)

Припремите основну подлогу за бисквит (љуску). Док кувате, помешајте 1 шољу сока од поморанџе са шећером, кремом у праху и путером или маргарином. Ставите смешу да проври на лаганој ватри и лагано кувајте док не постане провидна и густа. Умешајте корицу поморанџе. Чим изађе из рерне сипајте преостали сок од поморанџе, па фил од поморанџе сипајте у флан и оставите да се охлади и стегне. По жељи украсите кандираним кришкама поморанџе.

Пита од крушака

Прави питу од 20 цм

1 количина слатког теста

За пуњење:

¼ пт/2/3 шоље/150 мл дупле креме (тешке)

2 јаја

50 г/2 оз/¼ шоље шећера (супер финог)

5 крушака

За глазуру:

75 мл/5 кашика желеа од рибизле (бистра конзерва)

30 мл / 2 кашике воде

Стискање лимуновог сока

Разваљајте слатко тесто и њиме обложите плех пречника 20 цм. Покријте пек папиром (навоском) и сипајте пасуљ за печење и пеците у загрејаној рерни на 190°Ц/375°Ф/термостат 5 12 минута. Извадите из рерне, уклоните папир и пасуљ и оставите да се охлади.

Да направите фил, помешајте крему, јаја и шећер. Крушке огулите и исецкајте на пола по дужини. Ставите исечену страну надоле и исеците скоро по средини крушака, али их оставите нетакнуте.Ређати на дно пите (љуске). Прелијте смесом од креме и пеците у загрејаној рерни на 190°Ц/375°Ф/термостату 4 45 минута, покривајући пек папиром (воштаним) ако порумени пре него што се крем стегне. Остави да се охлади.

Да бисте направили глазуру, истопите желе, воду и лимунов сок у малој шерпи док се не сједине. Четкајте воће док је глазура врућа, па оставите да одстоји. Послужите истог дана.

Торта од крушке и бадема

Прави питу од 20 цм

За пециво (тесто):

100 г/4 оз/1 шоља обичног брашна (за све намене)

50 г/2 оз/½ шоље млевених бадема

50 г/2 оз/¼ шоље шећера (супер финог)

3 оз / 1/3 шоље путера или маргарина, исецканог на коцкице и омекшаног

1 жуманца

Неколико капи есенције бадема (екстракт)

За пуњење:

1 жуманца

50 г/2 оз/¼ шоље шећера (супер финог)

50 г/2 оз/½ шоље млевених бадема

30 мл / 2 кашике. кашике ликера од крушке или другог ликера по укусу

3 велике крушке

За крему за пециво:

3 јаја

25 г/1 оз/2 кашике шећера у праху (супер финог)

½ пт/1¼ шоље/300 мл појединачне креме (светле)

Да бисте направили тесто, помешајте брашно, бадеме и шећер у чинији и направите удубљење у средини. Додајте путер или маргарин, жуманце и есенцију ваниле и постепено мешајте састојке док се не добије мекано тесто. Умотајте у прозирну фолију (пластични омот) и ставите у фрижидер на 45 минута. Раширите на побрашњену подлогу и поређајте намазани и обложен плех од 20 цм/8 инча. Покријте папиром за печење (навоском) и сипајте пасуљ за печење и пеците на слепо у загрејаној рерни на 200°Ц/400°Ф/термостату 6 15 минута. Уклоните папир и пасуљ.

Да направите фил, умутите жуманца и шећер. Умешајте бадеме и ликер и сипајте смесу у подлогу тарта (фонд де тарте). Крушке огулите, исјецкајте и преполовите, па их поређајте равном страном надоле на фил.

Да бисте направили крему за пециво, умутите јаја и шећер док не постану глатки. Умутите крему. Крушке прелијте кремом и пеците у рерни загрејаној на 180°Ц/350°Ф/термостат 4 око 15 минута док се крема не стегне.

Краљевски колач од грожђица

Прави питу од 20 цм

За пециво (тесто):

100 г/4 оз/½ шоље путера или маргарина

225 г/8 оз/2 шоље обичног брашна (за све намене)

Прстохват соли

45 мл/3 кашике хладне воде

За пуњење:

50 г/2 оз/½ шоље презле

175 г/6 оз/1 шоља сувог грожђа

1 жуманца

5 мл/1 тсп. рендана лимунова кора

За украс:

8 оз/11/3 шоље/225 г шећера (кондиторског) шећера, просејаног

1 беланца

5 мл / 1 кашичица лимуновог сока

Завршити:

45 мл/3 кашике желеа од огрозда (провидно конзервирање)

Да бисте направили тесто, утрљајте путер или маргарин у брашно и со док смеса не личи на презле. Помешајте довољно хладне воде да направите пасту. Умотајте у прозирну фолију (пластичну фолију) и оставите у фрижидеру 30 минута.

Разваљајте тесто и користите га за облагање квадратног калупа за торту од 8 инча/20 цм. Комбинујте састојке за прелив и сипајте преко основе, поравнавајући врх. Умутите састојке за прелив и распоредите по колачу. Умутите желе од рибизле док не постане глатка, а затим нанесите решеткасти узорак на врх торте. Пеците у претходно загрејаној рерни на 190°Ц/375°Ф/термостат 5 30 минута, а затим смањите температуру рерне на 180°Ц/350°Ф/термостат 4 и пеците још 10 минута.

Пита од сувог грожђа и павлаке

Прави питу од 9"/23 цм

Прхко тесто 225 г/8 оз

30 мл / 2 кашике. кашика обичног брашна (за све намене)

2 јаја, лагано умућена

60мл/4 тсп кашика шећера у праху (супер финог)

8 фл оз / 1 шоља слатке и павлаке (млечне)

8 оз/11/3 шоље сувог грожђа

60мл/4 тсп рум или ракија

Неколико капи есенције ваниле (екстракт)

Разваљајте тесто (тесто) на ¼/5 мм дебљине на лагано побрашњеној површини. Помешати брашно, јаја, шећер и кајмак, па умешати суво грожђе, рум или ракију и есенцију ваниле. Сипајте смесу у калуп и пеците у загрејаној рерни на 200°Ц/400°Ф/термостат 6 20 минута. Смањите температуру рерне на 180°Ц/350°Ф/термостат 4 и пеците још 5 минута док се не стегне.

Торта од јагода

Прави питу од 20 цм

1 количина слатког теста

За пуњење:

5 жуманца

175 г/6 оз/¾ шоље шећера у праху (супер финог)

75 г/3 оз/¾ шоље кукурузног брашна (кукурузни скроб)

1 махуна ваниле (машуна)

450 мл/¾ пт/2 шоље млека

15 г/½ оз/1 тбсп. кашика путера или маргарина

550 г/1¼ лб јагода, преполовљених

За глазуру:

75 мл/5 кашика желеа од рибизле (бистра конзерва)

30 мл / 2 кашике воде

Стискање лимуновог сока

Разваљајте тесто (тесто) и њиме обложите плех пречника 20 цм. Покријте пек папиром (навоском) и сипајте пасуљ за печење и пеците у загрејаној рерни на 190°Ц/375°Ф/термостат 5 12 минута. Извадите из рерне, уклоните папир и пасуљ и оставите да се охлади.

Да бисте направили фил, умутите жуманца и шећер док смеса не постане бледа и пахуљаста и не изађе из метлице у траке. Умутите кукурузни скроб. Ставите махуну ваниле у млеко и доведите до кључања. Уклоните махуну ваниле. Постепено умешајте у мешавину јаја. Сипајте смешу у чисту шерпу и доведите до кључања уз стално мешање, а затим кувајте, уз мешање, 3 минута. Склоните са ватре и умешајте путер или маргарин док се не истопи. Покријте маслацем намазаним пергамент папиром (навоском) и оставите да се охлади.

Крем за пециво сипајте у кору за питу (подлога за тарт) и по врху лепо распоредите јагоде. Да бисте направили глазуру, отопите желе, воду и лимунов сок док се не сједине. Четкајте воће док је глазура врућа, па оставите да одстоји. Послужите истог дана.

Пита од меласе

Прави питу од 20 цм

75 г/3 оз/1/3 шоље путера или маргарина

175 г/6 оз/1½ шоље обичног брашна (за све намене)

15 мл/1 кашика шећера (супер финог)

1 жуманца

30 мл / 2 кашике воде

2/3 шоље/8 оз/225 г златног сирупа (светли кукуруз)

50 г/2 оз/1 шоља свежих презли

5 мл / 1 кашичица лимуновог сока

Утрљајте путер или маргарин у брашно док смеса не личи на презле. Умутите шећер, па додајте жуманца и воду и умутите у смесу (тесто). Умотајте у прозирну фолију (пластичну фолију) и оставите у фрижидеру 30 минута.

Разваљајте тесто и обложите плех пречника 20 цм. Загрејте сируп, па га помешајте са презлама и лимуновим соком. Сипајте фил у калуп и пеците у загрејаној рерни на 180°Ц/350°Ф/термостат 4 35 минута док не порумене.

Торта од ораха и меласе

Прави питу од 20 цм

Прхко тесто 225 г/8 оз

100 г/4 оз/½ шоље путера или маргарина, омекшаног

50 г/2 оз/¼ шоље меког смеђег шећера

2 умућена јаја

175 г/6 оз/½ шоље златног сирупа (светли кукуруз), загрејано

100 г/4 оз/1 шоља ораха, ситно исецканих

Рендана кора од 1 лимуна

Сок од ½ лимуна

Разваљајте тесто (тесто) и њиме обложите подмазан плех за торту од 20 цм/8 инча. Покријте пек папиром (навоском) и сипајте пасуљ за печење и пеците у загрејаној рерни на 200°Ц/400°Ф/термостату 6 10 минута. Извадите из рерне и уклоните папир и пасуљ. Смањите температуру рерне на 180°Ц/350°Ф/ознаку 4 за гас.

Умутити путер или маргарин и шећер док не постану глатки. Постепено умутите јаја, па умешајте сируп, орахе, лимунову корицу и сок. Сипајте у калуп за питу (љуску за питу) и пеците 45 минута док не порумени и не постану хрскави.

Амисх Схоо-фли торта

Прави торту 23 к 30 цм

8 оз/1 шоља путера или маргарина, омекшаног

225 г/8 оз/2 шоље обичног брашна (за све намене)

225 г / 8 оз / 2 шоље интегралног брашна (пуна пшеница)

450 г/1 лб/2 шоље меког смеђег шећера

350 г/12 оз/1 шоља меласе (меласе)

10 мл/2 кашичице соде бикарбоне (соде бикарбоне)

450 мл/¾ пт/2 шоље кључале воде

Утрљајте путер или маргарин у брашно док смеса не личи на презле. Умешајте шећер. Резервишите 100 г/4 оз/1 шољу мешавине за украс. Помешајте меласу, соду бикарбону и воду и умешајте у мешавину брашна док се суви састојци не упију. Сипати у маслацем и брашном посут плех 23 к 30 цм/9 к 12 и посути резервисаном смесом. Пеците у претходно загрејаној рерни на 180°Ц/350°Ф/термостату 4 35 минута, док чачкалица уметнута у средину не изађе чиста. Послужите топло.

Парче бостонске креме

Прави торту од 23 цм

100 г/4 оз/½ шоље путера или маргарина, омекшаног

225 г/8 оз/1 шоља шећера у праху (супер финог)

2 јаја, лагано умућена

2,5 мл/½ кашичице есенције ваниле (екстракт)

175 г/6 оз/1½ шоље брашна које се само диже (самоподижуће се)

5 мл/1 кашичица прашка за пециво

Прстохват соли

60 мл/4 кашике млека

Крем пуњење

Умутите путер или маргарин и шећер док не постану глатки и глатки. Постепено додајте јаја и есенцију ваниле, добро умутите после сваког додавања. Помешајте брашно, прашак за пециво и со и додајте у смесу, наизменично са млеком. Сипати у подмазан и брашном посут калуп за торте величине 9 цм/23 цм и пећи у претходно загрејаној рерни на 180°Ц/350°Ф/термостат 4 30 минута док не постане чврст на додир. Када се охладе, торту исеците водоравно и две половине премешајте крем филом.

Америчка бела планинска торта

Прави торту од 23 цм

8 оз/1 шоља путера или маргарина, омекшаног

450 г / 1 лб / 2 шоље шећера у праху (суперфина)

3 јаја, лагано умућена

350 г/12 оз/3 шоље брашна које се само диже (самоподижуће се)

15 мл/1 кашика прашка за пециво

1,5 мл / ¼ кашичице соли

250 мл/1 шоља млека

5мл/1 кашичица есенције ваниле (екстракт)

5 мл/1 тсп. есенција бадема (екстракт)

За фил од лимуна:
45 мл / 3 кашике. кукурузни скроб (кукурузни скроб)

75 г/3 оз/1/3 шоље шећера у праху (супер финог)

1,5 мл / ¼ кашичице соли

300 мл/½ пт/1¼ шоље млека

25 г/1 оз/2 кашике путера или маргарина

90 мл/6 кашика лимуновог сока

5 мл/1 тсп. рендана лимунова кора

За глазуру:
350 г/12 оз/1½ шоље шећера у праху (супер финог)

Прстохват соли

2 беланца

75 мл/5 кашика хладне воде

15 мл / 1 кашичица кашика златног сирупа (светли кукуруз)

5мл/1 кашичица есенције ваниле (екстракт)

175 г/6 оз/1½ шоље исушеног кокоса (ренданог)

Умутите путер или маргарин и шећер док не постану глатки и глатки. Постепено додајте јаја. Помешајте брашно, квасац и со, па додајте у крeмасту смесу наизменично са млеком и есенцијама. Поделити смесу у три подмазане и обложене калупе за торте величине 9/23 цм и пећи у претходно загрејаној рерни на 180°Ц/350°Ф/термостат 4 30 минута док чачкалица уметнута у средину не изађе чиста. Остави да се охлади.

Да направите фил, помешајте кукурузни скроб, шећер и со, а затим умешајте млеко док се добро не сједини. Додајте путер или маргарин на комадиће и мешајте на лаганој ватри око 2 минута док се не згусне. Умешајте лимунов сок и корицу. Пустите да се охлади и охлади.

Да бисте направили глазуру, помешајте све састојке осим есенције ваниле и кокоса у посуди отпорној на топлоту постављену изнад лонца воде која се кључа. Мутите око 5 минута док не постане чврст. Додајте есенцију ваниле и мутите још 2 минута.

Да бисте саставили торту, премажите основни слој половином фила од лимуна и поспите са 1 оз/¼ шоље кокоса. Поновите са другим слојем. Нанесите глазуру преко врха и са стране торте и поспите преосталим кокосом.

Амерички колач од млаћенице

Прави торту од 23 цм

100 г/4 оз/½ шоље путера или маргарина, омекшаног

225 г/8 оз/1 шоља шећера у праху (супер финог)

2 јаја, лагано умућена

5 мл/1 тсп. рендана лимунова кора

5мл/1 кашичица есенције ваниле (екстракт)

225 г/8 оз/2 шоље брашна које се само диже (самоподижуће се)

5 мл/1 кашичица прашка за пециво

5мл/1 кашичица соде бикарбоне (соде бикарбоне)

Прстохват соли

250 мл/1 шоља млаћенице

украс од лимуна

Умутите путер или маргарин и шећер док не постану глатки и глатки. Постепено додајте јаја, па додајте лимунову корицу и есенцију ваниле. Помешајте брашно, прашак за пециво, соду бикарбону и со и додајте у смесу наизменично са млаћеницом. Добро умутите док не постане глатко. Поделити смесу у две подмазане и побрашњене калупе за торте од 9цм/23цм и пећи у претходно загрејаној рерни на 350°Ф/180°Ц/термостат 4 25 минута док не постане чврста на додир. Оставите да се охлади 5 минута у калупима пре него што га извадите из калупа на решетку да се заврши хлађење. Када се охлади, сендвич са филом од лимуна.

Цариббеан Гингер Рум Цаке

Прави торту од 20 цм

2 оз/¼ шоље/50 г путера или маргарина

120 мл/4 фл оз/½ шоље меласе (меласе)

1 јаје, лагано умућено

60 мл/4 кашике рума

100 г/4 оз/1 шоља брашна које се само диже

10 мл / 2 кашике. млевени ђумбир

75 г/3 оз/1/3 шоље меког смеђег шећера

25 г/1 оз кандираног (кандираног) ђумбира, сецканог

На лаганој ватри отопите путер или маргарин са меласом, па оставите да се мало охлади. Умешајте остале састојке да добијете мекано тесто. Сипајте у подмазан и обложен плех од 8"/20 цм и пеците у претходно загрејаној рерни на 400°Ф/200°Ц/термостат 6 20 минута, док се добро не диже и стегне у рерни.

Сацхерторте

Прави торту од 20 цм

200 г/7 оз/1¾ шоље обичне чоколаде (полуслатке)

8 јаја, одвојено

100 г/4 оз/½ шоље несланог путера (заслађеног), отопљеног

2 беланца

Прстохват соли

150 г /5 оз/2/3 шоље шећера у праху (супер фино)

Неколико капи есенције ваниле (екстракт)

100 г/4 оз/1 шоља обичног брашна (за све намене)

За глазуру (глазуру):

150 г/5 оз/1¼ шоље обичне чоколаде (полуслатке)

8 фл оз/1 шоља појединачне креме (светле)

175 г/6 оз/¾ шоље шећера у праху (супер фино)

Неколико капи есенције ваниле (екстракт)

1 размућено јаје

100 г/4 оз/1/3 шоље џема од кајсије (из конзерве), просејаног (оцеђеног)

Отопите чоколаду у посуди отпорној на топлоту постављену изнад шерпе воде која се кључа. Уклоните са ватре. Лагано умутите жуманца са путером, па умешајте у отопљену чоколаду. Умутите беланца и со у чврст снег, па постепено додајте шећер и есенцију ваниле и наставите да мутите док не добијете чврст снег. Постепено додајте у чоколадну мешавину, а затим додајте брашно. Препарат поделите у два калупа за торте пречника 20 цм премазане путером и пеците у претходно загрејаној рерни на 180°Ц/350°Ф/термостату 4

45 минута док чачкалица уметнута у средину не изађе чиста. Окрените на решетку да се охлади.

Да бисте направили глазуру, отопите чоколаду са кремом, шећером и есенцијом ваниле на средњој ватри док не постане глатка, па динстајте 5 минута без мешања. Помешајте неколико кашика чоколадне мешавине са јајетом, па умешајте у чоколаду и кувајте, мешајући, 1 минут. Уклоните са ватре и оставите да се охлади на собну температуру.

Сендвич колаче са џемом од кајсија. Прелијте целу торту чоколадном глазуром, заглађујући површину палетаром или лопатицом. Оставите да се охлади, а затим ставите у фрижидер на неколико сати док се глазура не стврдне.

Цариббеан Рум Фруит Цаке

Прави торту од 20 цм

450 г/1 лб/22/3 шоље мешаног сушеног воћа (мешавина за колаче)

225 г/8 оз/11/3 шоље сувог грожђа (златно суво грожђе)

100г/4оз/2/3 шоље грожђица

100 г/4 оз/2/3 шоље рибизле

50 г/2 оз/¼ шоље глазираних трешања (кандираних)

½ пт/1¼ шоље/300 мл црног вина

8 оз/1 шоља путера или маргарина, омекшаног

225 г/8 оз/1 шоља меког смеђег шећера

5 јаја, лагано умућена

10 мл / 2 кашике. блацкстрап меласа (меласа)

225 г/8 оз/2 шоље обичног брашна (за све намене)

50 г/2 оз/½ шоље млевених бадема

5 мл/1 тсп. млевени цимет

5 мл/1 тсп. рендани мушкатни орашчић

5мл/1 кашичица есенције ваниле (екстракт)

½ пт/1¼ шоље/300 мл рума

Ставите сво воће и вино у шерпу и прокувајте. Смањите топлоту на малу, поклопите и оставите да одстоји 15 минута, а затим склоните са ватре и оставите да се охлади. Умутите путер или маргарин и шећер док не постану лепи, а затим постепено умешајте јаја и меласу. Умешајте суве састојке. Умешајте воћну мешавину, есенцију ваниле и 3 кашике/45 мл рума. Сипајте у подмазан и обложен калуп за торте од 8"/20 цм (лим) и пеците у претходно загрејаној рерни на 325°Ф/160°Ц/термостат 3 3 сата док се добро не диже и стегне. Чачкалица убачена у средину излази чиста. Оставите да се хлади у плеху 10 минута, а затим га извадите из калупа на решетку да се заврши хлађење. Избоцкајте врх торте танким ражњем и прелијте остатком рума. Умотајте у алуминијумску фолију и оставите да зри што дуже.

Дански путер торта

Прави торту од 23 цм

8 оз/1 шоља путера или маргарина, исеченог на коцкице

175 г/6 оз/1½ шоље обичног брашна (за све намене)

40 г/1½ оз свежег квасца или 60 мл/4 кашике. кашика сувог квасца

15 мл / 1 кашика шећера

1 размућено јаје

½ количине данског крем фила

60мл/4 тсп шећер (кондиторски) шећер, просијан

45мл/3 кашике рибизле

У брашно утрљајте 100 г путера или маргарина. Кремасто умутите квасац и шећер, па додајте у брашно и путер са јајетом и мешајте док не добијете глатку пасту. Покријте и оставите на топлом месту око 1 сат док се не удвостручи.
Пребаците на побрашњену подлогу и добро умесите. Развуците трећину теста и обложите дно подмазаног калупа за торте величине 9/23 цм. Преко теста премазати крем фил.
Остатак теста развуците у правоугаоник дебљине око ¼/5 мм. Умутите остатак путера или маргарина и шећер у праху, а затим убаците рибизле. Раширите преко теста, остављајући простор око ивица, па уролајте тесто са краће стране. Исеците на кришке и поређајте преко крем фила. Покријте и оставите да се диже на топлом месту око 1 сат. Пеците у претходно загрејаној рерни на 230°Ц/450°Ф/термостату 8 25 до 30 минута, док се врх добро не подигне и не добије златну боју.

Данска торта са кардамомом

Прави торту од 900 г/2 лб

8 оз/1 шоља путера или маргарина, омекшаног

225 г/8 оз/1 шоља шећера у праху (супер финог)

3 јаја

350 г/12 оз/3 шоље обичног брашна (за све намене)

10 мл/2 кашичице прашка за пециво

10 семена кардамома, млевених

150 мл/¼ пт/2/3 шоље млека

45 мл / 3 кашике. суво грожђе

45 мл / 3 кашике. кашике исецкане мешане (кандиране) коре

Умутите путер или маргарин и шећер док не постану глатки и глатки. Додајте јаја, мало по мало, добро умутите након сваког додавања. Умешајте брашно, прашак за пециво и кардамом. Постепено умешајте млеко, суво грожђе и измешану корицу. Сипајте у подмазан и обложен плех од 900г/2лб и пеците у претходно загрејаној рерни на 190°Ц/375°Ф/термостат 5 50 минута док чачкалица уметнута у средину не изађе чиста.

Питхивиерс торта

Прави торту од 10"/25 цм

100 г/4 оз/½ шоље путера или маргарина, омекшаног

100 г/4 оз/½ шоље шећера у праху (супер финог)

1 јаје

1 жуманца

100 г/4 оз/1 шоља млевених бадема

30 мл/2 кашике рума

Лиснато тесто 400г/14оз

За глазуру:

1 размућено јаје

30 мл / 2 кашике. кашике шећера у праху (за слаткише)

Умутите путер или маргарин и шећер док не постану глатки. Умутите јаје и жуманце, па бадеме и рум. Половину теста (теста) разваљајте на мало побрашњеној радној површини и исеците у круг од 23цм/9. Ставите на навлажени лим за печење и распоредите фил преко теста до 1/2 инча од ивице. Остатак теста разваљати и исећи круг пречника 25 цм/10. Изрежите прстен од 1 цм/½ на ивици овог круга. Премажите ивицу подлоге за пециво водом и притисните прстен око ивице, лагано гурајући да се уклопи. Намажите водом и притисните други круг преко врха, заптивајући ивице. Запечатите и ушијте ивице. Премажите врх размућеним јајетом затим оштрицом ножа нацртајте узорак радијалних резова на врху. Пеците у претходно загрејаној рерни на 220°Ц/425°Ф/термостату 7 30 минута док не дигну и не поруменe. Просејте шећер у праху преко врха и вратите у рерну на још 5 минута док не постане сјајан. Послужите топло или хладно.

Кинг цаке

Прави торту од 7"/18 цм

2¼ шоље/9 оз/250 г обичног брашна (за све намене)

5 мл / 1 кашичица соли

7 оз/200 г мало 1 шоља несланог путера (заслађеног), исеченог на коцкице

6 фл оз/¾ шоље воде

1 јаје

1 беланца

Ставите брашно и со у посуду и направите бунар у средини. Додајте 75 г/3 оз/1/3 шоље путера, воду и цело јаје и мешајте да добијете меко тесто. Покријте и оставите да одстоји 30 минута.

На лагано побрашњеној површини развуците тесто у дугачак правоугаоник. Две трећине теста премазати преосталом трећином путера. Непокривено тесто преклопите преко путера, а затим преклопите остатак теста преко врха. Затворите ивице и оставите у фрижидеру 10 минута. Поново разваљајте тесто и поновите са половином преосталог путера. Охладити, заролати и додати преостали путер, па оставити у фрижидеру последњих 10 минута.

Тесто развуците у круг пречника 2,5 цм/1 пречника око 18 цм/7. Ставите на подмазан плех, премажите беланца и оставите да одстоји 15 минута. Пеците у претходно загрејаној рерни на 180°Ц/350°Ф/термостату 4 15 минута док добро не нарасту и не порумене.

Карамел крем

Прави торту од 6"/15 цм

За карамел:

100 г/4 оз/½ шоље шећера у праху (супер финог)

150 мл/¼ пт/2/3 шоље воде

За крему за пециво:

600 мл/1 пт/2½ шоље млека

4 јаја, лагано умућена

15 мл/1 кашика шећера (супер финог)

1 наранџа

Да бисте направили карамел, ставите шећер и воду у малу шерпу и истопите на лаганој ватри. Пустите да проври, а затим кувајте без мешања око 10 минута док сируп не добије богату златно смеђу боју. Сипајте у посуду за суфле величине 15 цм/6 и нагните посуду тако да карамела капне на дно.

Да направите крему за пециво, загрејте млеко, па га пролијте преко јаја и шећера и добро умутите. Сипајте у посуду. Ставите посуду у калуп (калупу) са врелом водом до половине посуде. Пеците у загрејаној рерни на 170°Ц/325°Ф/термостату 3 1 сат док се не стегне. Оставите да се охлади пре него што га извадите из калупа на тањир за сервирање. Огулите поморанџу и исеците је хоризонтално, а затим сваку кришку преполовите. Распоредите око карамеле да украсите.

Гугелхопф

Прави торту од 20 цм

25г/1оз свежег квасца или 40мл/2½ кашике сувог квасца

120 мл/½ шоље топлог млека

100г/4оз/2/3 шоље грожђица

15 мл/1 кашика рума

450 г/1 лб/4 шоље јаког (хлебног) брашна

5 мл / 1 кашичица соли

Прстохват ренданог мушкатног орашчића

100 г/4 оз/½ шоље шећера у праху (супер финог)

Рендана кора од 1 лимуна

6 оз/¾ шоље/175 г путера или маргарина, омекшаног

3 јаја

100 г/4 оз/1 шоља бланшираних бадема

Шећер у праху (за кондиторске производе) за посипање

Помешајте квасац са мало топлог млека и оставите на топлом месту 20 минута док не запени. Суво грожђе ставите у чинију, попрскајте румом и оставите да се натопи. Ставите брашно, со и мушкатни орашчић у чинију и умешајте шећер и лимунову корицу. У средини направите удубљење, сипајте мешавину квасца, преостало млеко, путер или маргарин и јаја и заједно направите тесто. Ставите у науљену чинију, прекријте науљеном прозирном фолијом (пластичном фолијом) и оставите на топлом месту 1 сат док се не удостручи. Гугелхопф тигањ од 8 инча/20 цм (калуп са жлебовима) обилно намажите маслацем и поређајте бадеме око дна. У тесто са квасцем додајте суво грожђе и рум и добро промешајте. Сипајте смешу у калуп, поклопите и оставите на топлом месту 40 минута док се тесто скоро удвостручи и не достигне врх плеха. Пеците у претходно загрејаној рерни на 200°Ц/400°Ф/термостату 6 45 минута, док чачкалица уметнута у средину не изађе чиста. Прекрити дуплим слојем пек папира (воштаног) пред крај печења ако колач превише порумени. Искључите и оставите да се охлади, а затим поспите шећером у праху. дупли слој пергаментног (воштаног) папира пред крај печења ако колач превише порумени. Искључите и оставите да се охлади, а затим поспите шећером у праху. дупли слој пергаментног (воштаног) папира пред крај печења ако колач превише порумени. Искључите и оставите да се охлади, а затим поспите шећером у праху.

Гугелхопф луксузна чоколада

Прави торту од 20 цм

25г/1оз свежег квасца или 40мл/2½ кашике сувог квасца

120 мл/½ шоље топлог млека

50г/2оз/1/3 шоље грожђица

50 г/2 оз/1/3 шоље рибизле

3 кашике/1оз/25г мешане (кандиране) коре, исецкане

15 мл/1 кашика рума

450 г/1 лб/4 шоље јаког (хлебног) брашна

5 мл / 1 кашичица соли

5 мл/1 тсп. млевена алева паприка

Прстохват млевеног ђумбира

100 г/4 оз/½ шоље шећера у праху (супер финог)

Рендана кора од 1 лимуна

6 оз/¾ шоље/175 г путера или маргарина, омекшаног

3 јаја

За украс:

60мл/4 тсп кашике џема од кајсије (из конзерве), просејано (процеђено)

30 мл / 2 кашике воде

100 г/4 оз/1 шоља обичне чоколаде (полуслатке)

2 оз/½ шоље/50 г исечених бадема (нарезаних), тостираних

Помешајте квасац са мало топлог млека и оставите на топлом месту 20 минута док не запени. Суво грожђе, рибизле и помешану корицу ставите у чинију, попрскајте румом и оставите да се натопи. У чинију ставите брашно, со и зачине и умешајте шећер и лимунову корицу. Направите удубљење у средини, сипајте мешавину квасца, преостало млеко и јаја и заједно направите тесто. Ставите у науљену чинију, прекријте науљеном прозирном фолијом (пластичном фолијом) и оставите на топлом месту 1 сат док се не удвостручи. Воће и рум умесити у тесто од квасца и добро измешати. Сипајте смешу у добро намазан калуп за гугелхопф пречника 20 цм, поклопите и оставите да одстоји 40 минута на топлом месту док се тесто скоро удвостручи и не достигне врх тепсије. Пеците у претходно загрејаној рерни на 200°Ц/400°Ф/термостату 6 45 минута, док чачкалица уметнута у средину не изађе чиста. Прекрити дуплим слојем пек папира (воштаног) пред крај печења ако колач превише порумени. Одмотајте и оставите да се охлади.

Загрејте џем са водом, мешајући док се добро не сједини. Премажите торту. Отопите чоколаду у посуди отпорној на топлоту постављену изнад шерпе воде која се кључа. Премажите преко колача и притисните исецкане бадеме око дна пре него што се чоколада стврдне.

Летите

Прави три колача од 12 оз/350 г

15 г/½ оз свежег квасца или 20 мл/4 кашике. сувог квасца

15 мл/1 кашика шећера (супер финог)

120 мл/½ шоље млаке воде

25 г/1 оз/¼ шоље јаког (хлебног) брашна

За воћну пасту:

450 г/1 лб/4 шоље јаког (хлебног) брашна

5 мл / 1 кашичица соли

75г/3оз/1/3 шоље демерара шећера

1 јаје, лагано умућено

8 оз/11/3 шоље сувог грожђа

30 мл/2 кашике рума

2 оз/50 г/1/3 шоље мешане (кандиране) коре, исецкане

50 г/2 оз/½ шоље млевених бадема

5 мл/1 тсп. млевени цимет

100 г/4 оз/½ шоље путера или маргарина, отопљеног

175г/6оз марципан

За глазуру:

1 јаје, лагано умућено

75 г/3 оз/1/3 шоље шећера у праху (супер финог)

90 мл / 6 кашика воде

50 г/2 оз/½ шоље исецканих бадема (сецканих)

Шећер у праху (за кондиторске производе) за посипање

Да бисте направили мешавину квасца, помешајте квасац и шећер у пасту са топлом водом и брашном. Оставите на топлом месту 20 минута док не постане пенасто.

Да направите воћну пасту, ставите брашно и со у чинију, умешајте шећер и направите удубљење у средини. Додајте јаје са мешавином квасца и мешајте да добијете глатко тесто. Додајте суво грожђе, рум, помешану корицу, млевене бадеме и цимет и мешајте док се добро не сједине и не уједначе. Ставите у науљену чинију, прекријте науљеном прозирном фолијом (пластичном фолијом) и оставите на топлом месту 30 минута.

Тесто поделите на трећине и разваљајте у правоугаонике дебљине око ½ инча/1 цм. Премажите врх маслацем. Марципан поделите на три дела и уваљајте у облик кобасице. Ставите једну у средину сваког правоугаоника и преклопите тесто преко врха. Окрените шавом надоле и ставите на подмазан плех. Премажите јајетом, прекријте науљеном прозирном фолијом (пластичном фолијом) и оставите на топлом месту 40 минута док се не удостручи.

Пеците у претходно загрејаној рерни на 220°Ц/425°Ф/термостату 7 30 минута док не порумени.

У међувремену кувајте шећер са водом 3 минута док се не формира густи сируп. Премажите врх сваког столлена сирупом и поспите исецканим бадемима и шећером у праху.

Алмонд Столлен

Прави две векне од 450 г

15 г/½ оз свежег квасца или 20 мл/4 кашике. сувог квасца

50 г/2 оз/¼ шоље шећера (супер финог)

300 мл/½ пт/1¼ шоље врућег млека

1 јаје

Рендана кора од 1 лимуна

Прстохват ренданог мушкатног орашчића

450 г/1 лб/4 шоље обичног брашна (за све намене)

Прстохват соли

2/3 шоље/100 г мешане (кандиране) коре, исецкане

175 г/6 оз/1½ шоље бадема, сецканих

2 оз/¼ шоље/50 г путера или маргарина, отопљеног

3 оз/½ шоље/75 г шећера у праху (за посластичаре), просејаног, за посипање

Помешајте квасац са 5 мл/1 тсп. шећера и мало врелог млека и оставити да одстоји на топлом месту 20 минута док не постане пенасто. Умутити јаје са преосталим шећером, лимуновом корицом и мушкатним орашчићем, па умешати у смесу квасца са брашном, сољу и преосталим млаким млеком и мешати док не постане мекано тесто. Ставите у науљену чинију, прекријте науљеном прозирном фолијом (пластичном фолијом) и оставите на топлом месту 30 минута.

Умешајте измешану корицу и бадеме, поново поклопите и оставите на топлом месту 30 минута док се не удвоструче.

Поделити тесто на два дела. Једну половину уваљајте у кобасицу од 30 цм/12. Притисните оклагију у средини да направите урон, а затим преклопите једну страну по дужини и лагано притисните надоле. Поновите са другом половином. Оба ставите на подмазан и обложен плех (колачић), прекријте науљеном прозирном фолијом (пластичном фолијом) и оставите на топлом месту 25 минута док се не удвостручи. Пеците у претходно загрејаној рерни на 200°Ц/400°Ф/термостату 6 1 сат, док не порумени и чачкалица уметнута у средину не изађе чиста. Топле лепиње обилно премажите отопљеним путером и поспите шећером у праху.

Украден са пистаћима

Прави две векне од 450 г

15 г/½ оз свежег квасца или 20 мл/4 кашике. сувог квасца

50 г/2 оз/¼ шоље шећера (супер финог)

300 мл/½ пт/1¼ шоље врућег млека

1 јаје

Рендана кора од 1 лимуна

Прстохват ренданог мушкатног орашчића

450 г/1 лб/4 шоље обичног брашна (за све намене)

Прстохват соли

2/3 шоље/100 г мешане (кандиране) коре, исецкане

100 г/4 оз/1 шоља пистација, сецканих

100 г марципана

15 мл / 1 кашика ликера од мараскина

1/3 шоље/2 оз/50 г шећера у праху (за посластичаре), просијано

За украс:
2 оз/¼ шоље/50 г путера или маргарина, отопљеног

3 оз/½ шоље/75 г шећера у праху (за посластичаре), просејаног, за посипање

Помешајте квасац са 5 мл/1 тсп. шећера и мало врелог млека и оставити да одстоји на топлом месту 20 минута док не постане пенасто. Умутити јаје са преосталим шећером, лимуновом корицом и мушкатним орашчићем, па умешати у смесу квасца са брашном, сољу и преосталим млаким млеком и мешати док не постане мекано тесто. Ставите у науљену чинију, прекријте науљеном прозирном фолијом (пластичном фолијом) и оставите на топлом месту 30 минута.

Умесите измешану корицу и пистације, поново поклопите и оставите на топлом месту 30 минута док се не удвостручи. Марципан, ликер и шећер у праху израдите у пасту, разваљајте на 1 цм дебљине и исеците на коцкице. Урадите у тесто тако да коцке остану целе.

Поделити тесто на два дела. Једну половину уваљајте у кобасицу од 30 цм/12. Притисните оклагију у средини да направите урон, а затим преклопите једну страну по дужини и лагано притисните надоле. Поновите са другом половином. Оба ставите на подмазан и обложен плех (колачић), прекријте науљеном прозирном фолијом (пластичном фолијом) и оставите на топлом месту 25 минута док се не удвостручи. Пеците у претходно загрејаној рерни на 200°Ц/400°Ф/термостату 6 1 сат, док не порумени и чачкалица уметнута у средину не изађе чиста. Топле лепиње обилно премажите отопљеним путером и поспите шећером у праху.

баклава

Дајте 24

450 г / 1 лб / 2 шоље шећера у праху (суперфина)

300 мл/½ пт/1¼ шоље воде

5 мл / 1 кашичица лимуновог сока

30 мл/2 кашике ружине воде

12 оз/350 г 1½ шоље несланог путера (заслађеног), отопљеног

450 г/1 лб фило пецива (тесто)

6 шољица/1½ лбс/675 г бадема, ситно исецканих

Да бисте направили сируп, растворите шећер у води на лаганој ватри, повремено мешајући. Додајте лимунов сок и доведите до кључања. Кувајте 10 минута док не постане сируп, затим додајте ружину воду и оставите да се охлади, а затим у фрижидеру.

Већу посуду за печење премажите отопљеним путером. Распоредите половину листова фила у тепсију, сваки премажите путером. Преклопите ивице како бисте затворили фил. По врху посипајте бадеме. Наставите са слојевима остатка теста, премазивајући сваки лист отопљеним путером. Великодушно премажите врх путером. Тесто исеците на дијаманте ширине око 5 цм. Пеците у претходно загрејаној рерни на 180°Ц/350°Ф/термостату 4 25 минута док не постану хрскаве и златне боје. Прелијте свеж сируп на врх, па оставите да се охлади.

Мађарски стрес се врти

Даје 16

25г/1оз свежег квасца или 40мл/2½ кашике сувог квасца

15 мл/1 кашика меког смеђег шећера

½ пт/1¼ шоље/300 мл млаке воде

15 мл / 1 кашичица кашика путера или маргарина

450 г / 1 лб / 4 шоље интегралног брашна (пуна пшеница)

15 мл/1 кашика млека у праху (обрано млеко у праху)

5 мл/1 тсп. млевени зачини (пита од јабука)

2,5 мл/½ кашичице соли

1 јаје

175 г/6 оз/1 шоља рибизле

100 г/4 оз/2/3 шоље сувог грожђа (златно суво грожђе)

50г/2оз/1/3 шоље грожђица

2 оз/50 г/1/3 шоље мешане (кандиране) коре, исецкане

За украс:

75 г/3 оз/¾ шоље интегралног брашна (пуна пшеница)

2 оз/¼ шоље/50 г путера или маргарина, отопљеног

75 г/3 оз/1/3 шоље меког смеђег шећера

25 г/1 оз/¼ шоље семена сусама

За пуњење:

50 г/2 оз/¼ шоље меког смеђег шећера

2 оз/¼ шоље/50 г путера или маргарина, омекшаног

50 г/2 оз/½ шоље млевених бадема

2,5 мл/½ кашичице ренданог мушкатног орашчића

25 г/2 оз/1/3 шоље сувих шљива без коштица (без коштица), сецканих

1 размућено јаје

Квасац и шећер помешати са мало топле воде и оставити да одстоји на топлом месту 10 минута док не постану пенасти. У брашно утрљајте путер или маргарин, затим умешајте млеко у праху, помешане зачине и со и направите удубљење у средини. Умешајте мешавину јаја, квасца и преосталу млаку воду и умешајте у пасту. Мешајте док не постане глатко и еластично. Умесити рибизле, суво грожђе, суво грожђе и мешати кору. Ставите у науљену чинију, прекријте науљеном прозирном фолијом (пластичном фолијом) и оставите на топлом 1 сат.

Мешајте састојке за фил док не постану мрвичасти. Да направите фил, умутите путер или маргарин и шећер, па умешајте бадеме и мушкатни орашчић. Разваљајте тесто у велики правоугаоник дебљине око ½ инча/1 цм. Премазати надевом и посути сувим шљивама. Умотајте као швајцарски (желе) ролат, премажите ивице јајетом да се споје. Исеците на кришке од 2,5 цм/1 инч и ставите у плитку тепсију намазану путером. Премажите јајетом и поспите мешавином за прелив. Покријте и оставите да се диже на топлом месту 30 минута. Пеците у загрејаној рерни на 220°Ц/425°Ф/термостату 7 30 минута.

Панфорте

Прави торту од 23 цм

175 г/6 оз/¾ шоље гранулираног шећера

175 г/6 оз/½ шоље бистрог меда

2/3 шоље/100 г сувих смокава, исецканих

2/3 шоље/100 г мешане (кандиране) коре, исецкане

2 оз/50 г/¼ шоље глазираних трешања (кандираних), сецканих

50 г/2 оз/¼ шоље смрзнутог ананаса (ушећереног), исецканог

1½ шоље/6 оз/175 г бланшираних бадема, грубо сецканих

100 г/4 оз/1 шоља ораха, грубо исецканих

100 г/4 оз/1 шоља лешника, грубо исецканих

50 г/2 оз/½ шоље обичног брашна (за све намене)

25 г/1 оз/¼ шоље какао (незаслађена чоколада) праха

5 мл/1 тсп. млевени цимет

Прстохват ренданог мушкатног орашчића

15 мл / 1 кашичица шећер (кондиторски) шећер, просијан

Растворите шећер у меду у шерпи на лаганој ватри. Пустите да проври и кувајте 2 минута док се не формира густи сируп. Помешајте воће и орахе и умешајте брашно, какао и зачине. Умешајте сируп. Смесу сипајте у подмазан плех за сендвич величине 9 цм/23 цм обложен пиринчаним папиром. Пеците у претходно загрејаној рерни на 180°Ц/350°Ф/термостат 4 45 минута. Оставите да се хлади у плеху 15 минута, а затим га извадите из калупа на решетку да се охлади. Пре сервирања поспите шећером у праху.

Паста Риббон Цаке

Прави торту од 23 цм

300 г/11 оз/2¾ шоље обичног брашна (за све намене)

2 оз/¼ шоље/50 г путера или маргарина, отопљеног

3 умућена јаја

Прстохват соли

225 г / 8 оз / 2 шоље бадема, сецканих

200 г / 7 оз / мало 1 шоља шећера (супер финог)

Рендана кора и сок од 1 лимуна

90 мл/6 кашика кирша

Ставите брашно у посуду и направите бунар у средини. Додајте путер, јаја и со и мешајте да добијете мекано тесто. Танко разваљајте и исеците на уске траке. Помешајте бадеме, шећер и лимунову корицу. Калуп за торте 9/23 цм премажите маслацем и поспите брашном. На дно калупа распоредите слој трака за тестенину, поспите са мало препарата од бадема и покапајте са мало кирша. Наставите са слојевима, завршавајући слојем тестенине. Покријте маслацем намазаним пергамент папиром (навоском) и пеците у рерни на 180°Ц/350°Ф/термостат 4 1 сат. Нежно одмотајте и послужите топло или хладно.

Италијански пиринчани колач са Гранд Марнцјером

Прави торту од 20 цм

1,5 литара/2½ ктс/6 шоља млека

Пстохват соли

12 оз/1½ шоље/350 г арборио или другог пиринча средњег зрна

Рендана кора од 1 лимуна

60мл/4 тсп кашика шећера у праху (супер финог)

3 јаја

25 г/1 оз/2 кашике путера или маргарина

1 жуманца

30 мл / 2 кашике. кашике исецкане мешане (кандиране) коре

2 шоље/8 оз/225 г исецканих бадема (у љускама), тостираних

45 мл / 3 кашике. Гранд Марниер

30 мл / 2 кашике. кашике сушених презли

У шерпи са дебелим дном прокувајте млеко и со, додајте пиринач и корицу лимуна, поклопите и динстајте 18 минута, повремено мешајући. Склоните са рингле и умешајте шећер, јаја и путер или маргарин и оставите док се не загреје. Умешајте жуманце, измешану корицу, орахе и Гранд Марниер. Калуп за торту пречника 20 цм премажите маслацем и поспите презлама. Сипајте смесу у калуп и пеците у претходно загрејаној рерни на 150°Ц/300°Ф/термостат 2 45 минута, док чачкалица убачена у средину не изађе чиста. Оставите да се охлади у тепсији, па одмотајте и послужите топло.

Сицилијански бисквит

Прави торту 7 к 3½"/23 к 9 цм
Мадера торта 450 г/1 лб

За пуњење:
450 г/1 лб/2 шоље Рицотта сира

50 г/2 оз/¼ шоље шећера (супер финог)

30 мл / 2 кашике. кашике дупле павлаке (густе)

30 мл / 2 кашике. кашике исецкане мешане (кандиране) коре

15 мл / 1 кашика млевених бадема

30 мл/2 кашике ликера од поморанџе

50 г / 2 оз / ½ шоље обичне чоколаде (полуслатке), рендане

За глазуру (глазуру):
350 г/12 оз/3 шоље обичне чоколаде (полуслатке)

6 фл оз/¾ шоље јаке црне кафе

225 г / 8 оз / 1 шоља несланог путера или маргарина (заслађеног)

Исеците торту по дужини на кришке од 1 цм/½. Да направите фил, процедите рикоту кроз сито (цедиљку), па умутите док не постане глатка. Умешајте шећер, павлаку, измиксану корицу, бадеме, ликер и чоколаду. Поређајте слојеве торте и мешавину рикоте у плех (лим) обложен фолијом од 450г/1лб, завршавајући слојем за торту. Преклопите фолију преко врха и оставите у фрижидеру 3 сата док се не стегне.

Да бисте направили глазуру, истопите чоколаду и кафу у посуди отпорној на топлоту постављену изнад лонца воде која се кључа. Умешајте путер или маргарин и наставите да мутите док не постане глатко. Оставите да се охлади док се не згусне.

Уклоните торту из фолије и ставите је на тањир за сервирање. Распоредите или распоредите глазуру по врху и бочним странама торте и по жељи изрежите узорке виљушком. Оставите у фрижидеру док се не стегне.

Италијански колач од рикоте

Прави торту од 10"/25 цм

За сос:

225г/8оз малине

250 мл/1 шоља воде

50 г/2 оз/¼ шоље шећера (супер финог)

30 мл/2 кашике кукурузног скроба (кукурузни скроб)

За пуњење:

450 г/1 лб/2 шоље Рицотта сира

225 г/8 оз/1 шоља крем сира

75 г/3 оз/1/3 шоље шећера у праху (супер финог)

5мл/1 кашичица есенције ваниле (екстракт)

Рендана кора од 1 лимуна

Рендана кора 1 поморанџе

Торта са анђелском храном од 25 цм

Да бисте направили сос, изгњечите састојке у пире, а затим их сипајте у мању шерпу и кувајте на средњој ватри, мешајући, док се сос не згусне и не почне да кључа. Оцедите и одбаците семе, ако желите. Покријте и ставите у фрижидер.

Да бисте направили фил, умутите све састојке док се добро не сједине.

Исеците торту хоризонтално на три слоја и пр елијте их у сендвич са две трећине фила, а остатком премажите одозго. Покријте и ставите у фрижидер док не будете спремни за сервирање уз преливени сос.

Италијанска торта од вермичела

Прави торту од 23 цм

225г/8оз вермицелли

4 јаја, одвојена

200 г / 7 оз / мало 1 шоља шећера (супер финог)

225 г сира Рицотта

2,5 мл/½ кашичице. млевени цимет

2,5 мл/½ кашичице млевених каранфилића

Прстохват соли

50 г/2 оз/½ шоље обичног брашна (за све намене)

50г/2оз/1/3 шоље грожђица

45 мл/3 кашике бистрог меда

Појединачна (лагана) или дупла (густа) крема за сервирање

Проври велики лонац воде, додајте тестенину и кувајте 2 минута. Оцедите и исперите под хладном водом. Умутити жуманца са шећером док не постану бледи и мекани. Умешајте рикоту, цимет, каранфилић и со, па умешајте брашно. Умешајте суво грожђе и тестенину. Умутите беланца док не створе мекане врхове, па их умешајте у смесу за торте. Сипајте у подмазан и обложен калуп за торте величине 9 цм/23 цм и пеците у претходно загрејаној рерни на 200°Ц/400°Ф/термостату 6 1 сат док не порумене. Лагано загрејте мед и прелијте га преко врућег колача. Послужите топло са кремом.

Италијанска торта од ораха и маскарпонеа

Прави торту од 23 цм
Лиснато тесто 450г/1лб

175 г/6 оз/¾ шоље масцарпоне сира

50 г/2 оз/¼ шоље шећера (супер финог)

30 мл/2 кашике џема од кајсије (продавница)

3 жуманца

50 г/2 оз/½ шоље ораха, сецканих

2/3 шоље/100 г мешане (кандиране) коре, исецкане

Ситно нарендана кора од 1 лимуна

Шећер у праху (кондиторски), просијан, за посипање

Разваљајте тесто и половином обложите калуп за торту пречника 23 цм/9 цм намазан путером. Маскарпоне умутити са шећером, џемом и 2 жуманца. Резервишите 15 мл/1 кашика ораха за украс, а затим умешајте остатак у смесу заједно са кором и лимуновом корицом. Сипати у кору за питу (кору за питу). Покријте фил преосталим тестом (тесто), па навлажите и спојите ивице. Умутите преостало жуманце и премажите врх. Пеците у претходно загрејаној рерни на 200°Ц/400°Ф/термостату 6 35 минута док не дигну и не порумене. Поспите резервисаним орасима и поспите шећером у праху.

холандски колач од јабука

За 8 особа

2/3 шоље/5 оз/150 г путера или маргарина

225 г/8 оз/2 шоље обичног брашна (за све намене)

5 мл/1 кашичица прашка за пециво

2 јаја, одвојена

10 мл/2 кашичице лимуновог сока

2 лбс/900 г јабука за кување (пита), неољуштених, очишћених од језгре и нарезаних

1 шоља/6 оз/175 г сувих кајсија готових за јело, нарезане на четвртине

100г/4оз/2/3 шоље грожђица

30 мл / 2 кашике воде

5 мл/1 тсп. млевени цимет

50 г/2 оз/½ шоље млевених бадема

Маслац или маргарин утрљајте у брашно и прашак за пециво док смеса не буде личила на презле. Додајте жуманца и 5 мл/1 тсп. сок од лимуна и мешати у меку пасту. Разваљајте две трећине теста (теста) и њиме обложите калуп за торте од 23 цм/9 намазан путером (плех).

Ставите кришке јабуке, кајсије и суво грожђе у шерпу са преосталим лимуновим соком и водом. Крчкајте лагано 5 минута, а затим оцедите. Раширите воће на дно пите. Помешајте цимет и млевене бадеме и поспите по врху. Остатак теста развуците и направите поклопац за торту. Затворите ивицу са мало воде и премажите врх беланцетом. Пеците у претходно загрејаној рерни на 180°Ц/350°Ф/термостату 4 око 45 минута док не постане чврста и златна.

Обична норвешка торта

Прави торту од 10"/25 цм

8 оз/1 шоља путера или маргарина, омекшаног

10 оз/275 г/1¼ шоље шећера у праху (суперфино)

5 јаја

175 г/6 оз/1½ шоље обичног брашна (за све намене)

7,5 мл/1½ кашичице. прашак за пециво

Прстохват соли

5 мл/1 тсп. есенција бадема (екстракт)

Кремасто умутити путер или маргарин и шећер док се не сједине. Постепено додајте јаја, добро умутивши након сваког додавања. Умешајте брашно, прашак за пециво, со и есенцију бадема док не постане глатка. Сипајте у неподмазан калуп за торте величине 10/25 цм и пеците у претходно загрејаној рерни на 320°Ф/160°Ц/термостат 3 1 сат док не постане чврст на додир. Оставите да се хлади 10 минута у плеху пре него што га скинете са калупа на решетку да се заврши хлађење.

норвешки крансекаке

Прави торту од 10"/25 цм

450 г/1 лб/4 шоље млевених бадема

100 г/4 оз/1 шоља млевених горких бадема

450г/1лб/22/3 шоље шећера у праху

3 беланца

За глазуру (глазуру):

75г/3оз/½ шоље шећера у праху

½ беланца

2,5 мл/½ кашичице лимуновог сока

У шерпи помешајте бадеме и шећер у праху. Умутите беланца, па смесу ставите на тиху ватру док не буде млака. Склонити са рингле и умешати преостали снег од беланаца. Кашиком сипајте смешу у кесу са назубљеном млазницом од ½"/1 цм (врхом) и нанесите спиралу пречника 10"/25 цм на подмазан плех. Наставите да формирате спирале, свака 5 мм/2 мања од претходне, док не добијете круг од 5 цм/2. Пеците у претходно загрејаној рерни на 150°Ц/300°Ф/термостат 2 око 15 минута док не порумени. Док су још топли, ставите их једно на друго да формирате торањ.

Помешајте састојке за глазуру и направите цик-цак линије по целој торти користећи фину млазницу.

Португалски колачи од кокоса

Дајте 12

4 јаја, одвојена

450 г / 1 лб / 2 шоље шећера у праху (суперфина)

450 г/1 лб/4 шоље исушеног кокоса (рендaног)

100 г/4 оз/1 шоља пиринчаног брашна

50 мл/3½ кашике ружине водице

1,5 мл/¼ кашичице млевени цимет

1,5 мл/¼ кашичице млевени кардамом

Прстохват млевених каранфилића

Прстохват рендaног мушкатног орашчића

1 оз / ¼ шоље исецканих бадема (сецканих)

Умутити жуманца и шећер док не побеле. Умешајте кокос, па умешајте брашно. Умешајте ружину воду и зачине. Умутите беланца у чврст снег, па их умешајте у смесу. Сипати у маслацем намазан калуп величине 25 цм/10 квадрата и по врху посути бадемима. Пеците у претходно загрејаној рерни на 180°Ц/350°Ф/термостату 4 50 минута, док чачкалица уметнута у средину не изађе чиста. Оставите да се хлади у тепсији 10 минута, а затим исеците на квадрате.

Скандинавска тоска торта

Прави торту од 23 цм

2 jaja

2/3 шоље/5 оз/150 г меког смеђег шећера

2 оз/¼ шоље/50 г путера или маргарина, отопљеног

10 мл / 2 кашике. рендана кора поморанџе

150 г/5 оз/1¼ шоље обичног брашна (за све намене)

7,5 мл/1½ кашичице. прашак за пециво

60мл/4 тсп кашике дупле павлаке (густе)

За украс:
2 оз/¼ шоље/50 г путера или маргарина

50 г/2 оз/¼ шоље шећера (супер финог)

100 г/4 оз/1 шоља бадема, сецканих

15 мл / 1 кашичица кашике дупле павлаке (густе)

30 мл / 2 кашике. кашика обичног брашна (за све намене)

Умутите jaja и шећер док не постану лагана и пјенаста. Умутите путер или маргарин и корицу поморанџе, па умешајте брашно и прашак за пециво. Умутите крему. Смесу сипајте у маслацем обложен калуп за торте величине 9/23 цм и пеците у загрејаној рерни на 180°Ц/350°Ц/термостат 4 20 минута.

Да бисте направили фил, загрејте састојке у шерпи, мешајући, док се добро не сједине и доведите до кључања. Прелити преко торте. Повећајте температуру рерне на 200°Ц/400°Ф/термостат 6 и вратите торту у рерну на још 15 минута док не порумени.

Хертзог кекси из Јужне Африке

Дајте 12

75 г/3 оз/¾ шоље обичног брашна (за све намене)

15 мл/1 кашика шећера (супер финог)

5 мл/1 кашичица прашка за пециво

Прстохват соли

40 г/1½ оз/3 кашике путера или маргарина

1 велико жуманце

5 мл / 1 кашичица млека

За пуњење:

30 мл/2 кашике џема од кајсије (продавница)

1 велико беланце

100 г/4 оз/½ шоље шећера у праху (супер финог)

50 г/2 оз/½ шоље исушеног кокоса (ренданог)

Помешајте брашно, шећер, прашак за пециво и со. Утрљајте путер или маргарин док смеса не буде личила на презле. Помешајте жуманце и млеко толико да добијете мекано тесто. Добро умесити. Разваљајте тесто на лагано побрашњеној подлози, калупом за колаче (кекс) исеците кругове и њиме обложите подмазане тепсије (тепсије за палачинке). У средину сваке ставите по кашику џема.

Да направите фил, умутите беланца у чврст снег, а затим умешајте шећер док не постане чврст и сјајан. Умешајте кокос. Сипајте фил у коре за торту (љуске за питу), пазећи да прекрије џем. Пеците у претходно загрејаној рерни на 180°Ц/350°Ф/термостату 4 20 минута док не порумени.

Оставите да се хлади у тепсији 5 минута пре него што га скинете са калупа на решетку да се заврши хлађење.

Баскијски колач

Прави торту од 10"/25 цм

За пуњење:

50 г/2 оз/¼ шоље шећера (супер финог)

25 г/1 оз/¼ шоље кукурузног брашна (кукурузни скроб)

2 жуманца

300 мл/½ пт/1¼ шоље млека

½ махуна ваниле (махуна)

Мало шећера у праху

за торту:

10 оз/1¼ шоље/275 г путера или маргарина, омекшаног

175 г/5 оз/¼ шоље шећера у праху (супер финог)

3 јаја

5мл/1 кашичица есенције ваниле (екстракт)

450 г/1 лб/4 шоље обичног брашна (за све намене)

10 мл/2 кашичице прашка за пециво

Прстохват соли

15 мл / 1 кашика коњака

Шећер у праху (за кондиторске производе) за посипање

За фил умутити половину шећера у праху са кукурузним скробом, жуманцима и мало млека. Остатак млека и шећера проври са махуном ваниле, па полако сипајте мешавину шећера и јаја уз настављање мућења. Доведите до кључања и кувајте 3 минута, стално мешајући. Сипајте у чинију, поспите шећером у праху да спречите стварање коре и оставите да се охлади.

Да бисте направили торту, умутите путер или маргарин и шећер у праху док не постану лагани и мекани. Постепено умешајте јаја и есенцију ваниле, наизменично са кашикама брашна, прашком за пециво и соли, па умешајте преостало брашно. Сипајте смесу у кесу са равним врхом од 1 цм/½ (врхом) и сипајте половину мешавине у спиралу на дно намазаног маслацем и брашном посутог плеха од 25 цм/10. Одозго распоредите круг око ивице тако да формирате усну за држање фила. Махуну ваниле избаците из фила, умешајте коњак и умутите док не постане глатка, па прелијте мешавином за торте. Прелијте остатак мешавине за торту у спиралу преко врха. Пеците у претходно загрејаној рерни на 190°Ц/375°Ф/термостату 5 50 минута док не порумене и не постану чврсти на додир. Оставите да се охлади, па поспите шећером у праху.

Бадемов крем сир призма

Прави торту од 23 цм

7 оз/1¾ шоље/200 г путера или маргарина, омекшали

100 г/4 оз/½ шоље шећера у праху (супер финог)

1 јаје

200г/7оз/мало 1 шоља крем сира

5 мл / 1 кашичица лимуновог сока

2,5 мл/½ кашичице. млевени цимет

75 мл / 5 кашика коњака

90 мл / 6 кашика млека

30 цоол колачића (колачића)

За глазуру (глазуру):

60 мл/4 кашике шећера

30 мл/2 кашике какао (незаслађена чоколада) праха

100 г/4 оз/1 шоља обичне чоколаде (полуслатке)

60 мл/4 кашике воде

2 оз/¼ шоље/50 г путера или маргарина

100 г / 4 оз / 1 шоља исецканих бадема (сецканих)

Умутите путер или маргарин и шећер док не постану глатки и глатки. Умешајте јаје, крем сир, лимунов сок и цимет. Положите велики лист алуминијумске фолије на радну површину. Помешајте коњак и млеко. Умочите 10 колачића у смесу за ракију и поређајте на алуминијумску фолију у правоугаоник два колачића висине и пет колачића дужине. Распоредите мешавину сира преко колачића. Умочите преостале колачиће у коњак и млеко и ставите их на мешавину да формирају дугачак троугласти облик. Умешајте фолију и ставите у фрижидер преко ноћи.

Да бисте направили глазуру, прокувајте шећер, какао, чоколаду и воду у малом лонцу и кувајте 3 минута. Склоните са ватре и умешајте путер. Пустите да се мало охлади. Скините фолију са торте и по врху премажите чоколадном смесом. Док су још врући, притисните бадеме. Ставите у фрижидер док се не стегне.

Шварцвалд торта

Прави торту од 7"/18 цм

6 оз/¾ шоље/175 г путера или маргарина, омекшаног

175 г/6 оз/¾ шоље шећера у праху (супер финог)

3 јаја, лагано умућена

150 г/5 оз/1¼ шоље брашна које се само диже (самоподижуће се)

25 г/1 оз/¼ шоље какао (незаслађена чоколада) праха

10 мл/2 кашичице прашка за пециво

90 мл/6 кашика џема од трешања (продавница)

100 г/4 оз/1 шоља обичне чоколаде (полуслатке), ситно рендане

14 оз/400 г великих лимених црних трешања, оцеђених и оцеђених сока

¼ пт/2/3 шоље/150 мл дупле (тешке) креме, умућене

10 мл / 2 кашике. арровроот

Умутите путер или маргарин и шећер док не постану глатки и глатки. Постепено додајте јаја, затим умешајте брашно, какао и прашак за пециво. Поделити смесу између две подмазане и обложене тепсије за сендвиче од 7цм/18цм и пећи у претходно загрејаној рерни на 350°Ф/180°Ц/термостат 4 25 минута док не постане чврста на додир. Остави да се охлади.

У сендвич колачиће мало џема, а остатак намазати по страницама торте. Утисните рендану чоколаду са стране торте. По врху лепо распоредите вишње. Сипајте крему на горњу ивицу торте. Загрејте стрелицу са мало сока од трешања и премажите воће глазуром.

Чоколадна торта од бадема

Прави торту од 23 цм

100 г/4 оз/1 шоља обичне чоколаде (полуслатке)

100 г/4 оз/½ шоље путера или маргарина, омекшаног

2/3 шоље/5 оз/150 г шећера у праху (супер финог)

3 јаја, одвојена

50 г/2 оз/½ шоље млевених бадема

100 г/4 оз/1 шоља обичног брашна (за све намене)

За пуњење:

225 г/2 шоље обичне чоколаде (полуслатке)

½ пт/1¼ шоље/300 мл дупле креме (густе)

75 г/3 оз/¼ шоље џема од малина (продавница)

Отопите чоколаду у посуди отпорној на топлоту постављену изнад шерпе воде која се кључа. Умутите путер или маргарин и шећер, па умешајте чоколаду и жуманца. Додајте млевене бадеме и брашно. Умутите беланца у чврст снег, па их умешајте у смесу. Сипајте у подмазан и обложен плех за торту од 9 цм/23 цм и пеците у претходно загрејаној рерни на 350°Ф/180°Ц/термостат 4 40 минута док не постане чврст на додир. Оставите да се охлади, а затим преполовите торту хоризонтално.

Да бисте направили фил, истопите чоколаду и крему у посуди отпорној на топлоту која је постављена изнад шерпе воде која се кључа. Мешајте док не постане глатко, а затим оставите да се охлади, повремено мешајући. Колаче у сендвичу са џемом и половином чоколадног крема, па остатком креме премазати врх и странице торте и оставити да се стегне.

Цхоцолате Цхеесецаке

Прави торту од 23 цм

За базу:

25 г/1 оз/2 кашике шећера у праху (супер финог)

175 г/6 оз/1½ шоље мрвица дигестивног кекса (грахам крекери)

75 г/3 оз/1/3 шоље путера или маргарина, растопљеног

За пуњење:

100 г/4 оз/1 шоља обичне чоколаде (полуслатке)

10 оз/300 г/1¼ шоље крем сира

3 јаја, одвојена

45 мл/3 кашике какао праха (незаслађена чоколада)

25 г/1 оз/¼ шоље обичног брашна (за све намене)

50 г /2 оз/¼ шоље меког смеђег шећера

150 мл/¼ пт/2/3 шоље павлаке (млечне)

50 г/2 оз/¼ шоље шећера у праху (супер финог) За декорацију:

100 г/4 оз/1 шоља обичне чоколаде (полуслатке)

25 г/1 оз/2 кашике путера или маргарина

120 мл/4 фл оз/½ шоље дупле креме (густе)

6 глазираних трешања (кандираних)

Да бисте направили подлогу, у отопљени путер убаците шећер и мрвице колачића и утисните их на дно и странице намазаног калупа од 9/23 цм.

Да бисте направили фил, истопите чоколаду у посуди отпорној на топлоту постављену изнад шерпе воде која се кључа. Пустите да се мало охлади. Умутите сир са жуманцима, какаом, брашном, смеђим шећером и павлаком, па умешајте отопљену чоколаду. Умутите беланца док не постану мекани снег, па додајте шећер у праху и поново умутите док не постану чврсти и сјајни снег. Умешати у смесу металном кашиком и кашиком на подлози, поравнавајући површину. Пеците у загрејаној рерни на 160°Ц/325°Ф/термостат 3 1½ сата. Искључите рерну и оставите да се колач охлади у рерни са отвореним вратима. Оставите у фрижидеру док се не стегне, а затим уклоните из плеха.

За украшавање истопите чоколаду и путер или маргарин у посуди отпорној на топлоту постављену изнад лонца воде која се кључа. Склоните са рингле и оставите да се мало охлади, па умешајте крему. Прелијте чоколаду преко торте са шарама, а затим украсите глазираним вишњама.

Чоколадна торта

Прави торту од 20 цм

75 г/3 оз/¾ шоље обичне (полуслатке) чоколаде, сецкане

200 мл/7 фл оз/мало 1 шоља млека

225 г/8 оз/1 шоља тамно браон шећера

75 г/3 оз/1/3 шоље путера или маргарина, омекшаног

2 јаја, лагано умућена

2,5 мл/½ кашичице есенције ваниле (екстракт)

150 г/5 оз/1¼ шоље обичног брашна (за све намене)

25 г/1 оз/¼ шоље какао (незаслађена чоколада) праха

5мл/1 кашичица соде бикарбоне (соде бикарбоне)

За глазуру (глазуру):

100 г/4 оз/1 шоља обичне чоколаде (полуслатке)

100 г/4 оз/½ шоље путера или маргарина, омекшаног

8 оз/11/3 шоље/225 г шећера (кондиторског) шећера, просејаног

Чоколадне љуспице или локне за украшавање

Отопите чоколаду, млеко и 75 г/3 оз/1/3 шоље шећера у шерпи, а затим оставите да се мало охлади. Умутите путер и преостали шећер док не постану лагани и пјенасти. Постепено додајте јаја и есенцију ваниле, па додајте чоколадну смесу. Лагано умешајте брашно, какао и соду бикарбону. Поделити смесу у две подмазане и обложене тепсије за сендвиче 8/20 цм и пећи у претходно загрејаној рерни на 350°Ф/180°Ц/термостат 4 30 минута, док не постане еластична на додир. Оставите да се хлади у тепсији 3 минута, а затим одмотајте на решетку да се заврши хлађење.

Да бисте направили глазуру, истопите чоколаду у посуди отпорној на топлоту постављену изнад шерпе воде која се кључа. Умутите путер или маргарин и шећер док не омекшају, па умешајте отопљену чоколаду. Ставите колаче у сендвич са једном трећином глазура, а затим распоредите остатак преко врха и са стране торте. Украсите врх измрвљеним љуспицама или направите коврце стружући оштрим ножем дуж чоколадице.

Колач од рогача

Прави торту од 20 цм

3 јаја

50 г/2 оз/¼ шоље шећера (супер финог)

75г/3оз/1/3 шоље брашна које се само диже

25 г/1 оз/¼ шоље праха рогача

¼ пт/2/3 шоље/150 мл павлаке за шлаг

Неколико капи есенције пеперминта (екстракт)

50 г/2 оз/½ шоље сецканих мешаних орашастих плодова

Умутити јаја док не бледи. Умешајте шећер и наставите док смеса не постане бледа и кремаста и не потече из мутилице у тракама. Може потрајати 15 до 20 минута. Помешајте брашно и прах рогача и умешајте у мешавину јаја. Поделити у две подмазане и обложене калупе за торте од 20цм/18 и пећи у претходно загрејаној рерни на 180°Ц/350°Ф/термостат 4 15 минута док не омекшају на додир. Трошкови.

Умутити крему у шлаг, додати есенцију и орахе. Сваку торту преполовите хоризонтално и све торте усендвичите кремом.

Колач са леденом кафом

Прави торту од 7"/18 цм

225 г/8 оз/1 шоља путера или маргарина

100 г/4 оз/½ шоље шећера у праху (супер финог)

2 јаја, лагано умућена

100 г/4 оз/1 шоља брашна које се само диже

Прстохват соли

30 мл/2 кашике есенције кафе (екстракт)

100 г / 4 оз / 1 шоља исецканих бадема (сецканих)

8 оз/11/3 шоље/225 г шећера (кондиторског) шећера, просејаног

Половину путера или маргарина и шећер у праху умутите у крему док не постане мекана. Постепено додајте јаја, затим додајте брашно, со и 15 мл/1 кашику есенције кафе. Поделити смесу у две подмазане и обложене тепсије за сендвиче од 7цм/18цм и пећи у претходно загрејаној рерни на 350°Ф/180°Ц/термостат 4 25 минута док не постане чврста на додир. Остави да се охлади. Ставите бадеме у суви тигањ (тигањ) и пржите на средњој ватри, уз непрестано мућкање тигања, док не порумене.

Умутите преостали путер или маргарин док не омекша, па постепено умешајте шећер у праху и преосталу есенцију кафе док не постане мазиво. Сендвич колаче са трећином глазура (глазура). Половину преосталог глазура намазати са стране торте и утиснути пржене бадеме у глазуру. Остатак премажите на врх торте и изрежите виљушком у шаре.

Колач од кафе и ораха

Прави торту од 23 цм

за торту:

15 мл/1 кашика инстант кафе у праху

15 мл / 1 кашика млека

100 г/4 оз/1 шоља брашна које се само диже

5 мл/1 кашичица прашка за пециво

100 г/4 оз/½ шоље путера или маргарина, омекшаног

100 г/4 оз/½ шоље шећера у праху (супер финог)

2 јаја, лагано умућена

За пуњење:

45 мл / 3 кашике. кашике џема од кајсије (из конзерве), просејано (процеђено)

15 мл / 1 кашика воде

10 мл/2 кашичице инстант кафе у праху

30 мл/2 кашике млека

2/3 шоље/4 оз/100 г шећера (кондиторског) шећера, просејаног

2 оз/¼ шоље/50 г путера или маргарина, омекшаног

50 г/2 оз/½ шоље ораха, сецканих

За глазуру (глазуру):

30 мл/2 кашике инстант кафе у праху

90 мл / 6 кашика млека

22/3 шоље / 1 лб / 450 г шећера (кондиторског) шећера, просијаног

2 оз/¼ шоље/50 г путера или маргарина

Неколико половина ораха за украшавање

Да бисте направили торту, растворите кафу у млеку, а затим је помешајте са осталим састојцима за колач и умутите док се добро не сједини. Сипајте у подмазан округли плех од 9/23 цм (тепсију) и пеците у претходно загрејаној рерни на 325°Ф/160°Ц/термостат 3 40 минута док не постану еластични на додир. Оставите да се хлади у плеху 5 минута, а затим га одмотајте на решетку да се заврши хлађење. Прережите торту на пола хоризонтално.

Да бисте направили фил, загрејте џем и воду док се не сједине, а затим премажите четком на исечене површине торте. Растворите кафу у млеку, па је умешајте у шећер у праху са путером или маргарином и орасима и умутите док не добијете мазиву конзистенцију. Сендвич спојите две половине торте са филом.

Да бисте направили глазуру, растворите кафу у млеку у посуди отпорној на топлоту постављеној изнад лонца воде која се кључа. Додајте шећер у праху и путер или маргарин и умутите док не постане глатко. Уклоните са ватре и оставите да се охлади и згусне док се не обложи, повремено тукући. Колач прелијте глазуром, украсите половинама ораха и оставите са стране.

Данска торта са чоколадом и кремом

Прави торту од 23 цм

4 јаја, одвојена

175 г/6 оз/1 шоља шећера у праху (за посластичаре), просејаног

Рендана кора од ½ лимуна

2½ оз/60 г/2/3 шоље обичног брашна (за све намене)

2½ оз/60 г/2/3 шоље кромпировог брашна

2,5 мл/½ кашичице прашка за пециво

За пуњење:
45 мл / 3 кашике. кашика шећера у праху (супер финог)

15 мл/1 кашика кукурузног скроба (кукурузни скроб)

300 мл/½ пт/1¼ шоље млека

3 жуманца, умућена

50 г/2 оз/½ шоље сецканих мешаних орашастих плодова

¼ пт/2/3 шоље/150 мл дупле креме (тешке)

За украс:
100 г/4 оз/1 шоља обичне чоколаде (полуслатке)

30 мл / 2 кашике. кашике дупле павлаке (густе)

1 оз/¼ шоље/25 г беле чоколаде, рендане или исечене на петље

Умутите жуманца у шећер у праху и лимунову корицу. Додајте брашно и прашак за пециво. Умутите беланца у чврст снег, па их металном кашиком умешајте у смесу. Сипајте у подмазан и обложен калуп за торту од 9 цм/23 цм (плех) и пеците у претходно загрејаној рерни на 375°Ф/190°Ц/термостат 5 20 минута док не порумене и не омекшају на додир. Оставите да се хлади у плеху 5 минута, а затим га одмотајте на решетку да се заврши хлађење. Исеците торту хоризонтално на три слоја.

Да направите фил, помешајте шећер и кукурузни скроб у пасту са мало млека. Остатак млека проври, па га прелијте мешавином кукурузног скроба и добро промешајте. Вратите у испрани тигањ и непрестано мешајте на веома лаганој ватри док се крема не згусне. Умутите жуманца на веома лаганој ватри без кључања креме за пециво. Оставите да се мало охлади, па умешајте орахе. Умутите крему у чврсту крему, па је умешајте у крему за пециво. Сендвич слојеве са кремом за пециво.

За фил отопите чоколаду са кремом у посуди отпорној на топлоту постављену изнад лонца воде која се кључа. Премажите по врху торте и украсите ренданом белом чоколадом.

Фруит Џакес

Прави торту од 20 цм

1 јабука за печење (пита), ољуштена, очишћена од језгре и исецкана

1 оз/¼ шоље/25 г сувих смокава, исецканих

25 г/1 оз/¼ шоље сувог грожђа

75 г/3 оз/1/3 шоље путера или маргарина, омекшаног

2 јаја

175 г/6 оз/1½ шоље интегралног брашна (пуна пшеница)

5 мл/1 кашичица прашка за пециво

30 мл/2 кашике обраног млека

15 мл / 1 кашика желатина

30 мл / 2 кашике воде

14 оз/400 г великог лименог сецканог ананаса, оцеђеног

300 мл/½ пт/1¼ шоље крем сира

¼ пт/2/3 шоље/150 мл павлаке за шлаг

Комбинујте јабуку, смокве, суво грожђе и путер или маргарин. Умутите јаја. Умешајте брашно и прашак за пециво и довољно млека да се умеша у меку смесу. Сипајте у подмазан плех за торту од 8"/20 цм и пеците у претходно загрејаној рерни на 350°Ф/180°Ц/термостат 4 30 минута док не постане чврста на додир. Извадите из тигања и оставите да се охлади на решетки.

Да бисте направили фил, поспите желатин преко воде у мањој чинији и оставите док не постане паперјаст. Ставите посуду у лонац са топлом водом и оставите док се не раствори. Пустите да се мало охлади. Умешајте ананас, крем сир и кајмак и ставите у фрижидер док се не стегне. Колач преполовите хоризонтално, а сендвич са кремом.

Воће Саварин

Прави торту од 20 цм

15 г/½ оз свежег квасца или 20 мл/4 кашике. сувог квасца

45 мл/3 кашике топлог млека

100 г/4 оз/1 шоља јаког (хлебног) брашна

Прстохват соли

5 мл / 1 кашичица шећера

2 умућена јаја

2 оз/¼ шоље/50 г путера или маргарина, омекшаног

За сируп:

225 г/8 оз/1 шоља шећера у праху (супер финог)

300 мл/½ пт/1¼ шоље воде

45 мл/3 кашике кирша

За пуњење:

2 банане

100 г јагода, исечених на коцкице

100 г малина

Помешајте квасац и млеко, па умешајте 15 мл/1 кашика брашна. Пустите да одстоји док не постане пенасто. Додајте остатак брашна, со, шећер, јаја и путер и умутите док не добијете меко тесто. Сипати у подмазан и брашном посут саварински или прстенасти калуп (калупа за цевчице) величине 8/20 цм и оставити да одстоји на топлом месту око 45 минута док смеса скоро не дође до врха калупа. Пеците у загрејаној рерни 30 минута док не порумене и не стежу са ивица плеха. Одмотајте на решетку изнад тацне и све избоцкајте ражњем.

Док се саварин кува, припремите сируп. Растопите шећер у води на лаганој ватри, повремено мешајући. Пустите да проври и кувајте без мешања 5 минута док не постане сируп. Додајте кирш. Саварин прелијте врућим сирупом док се не засити. Остави да се охлади.

Банане танко нарежите и помешајте са осталим воћем и сирупом који је исцурио у плех. Ставите саварин на тањир и ставите воће у центар непосредно пре сервирања.

Гингер Лаиер Цаке

Прави торту од 7"/18 цм

100 г/4 оз/1 шоља брашна које се само диже

5 мл/1 кашичица прашка за пециво

100 г/4 оз/½ шоље путера или маргарина, омекшаног

100 г/4 оз/½ шоље шећера у праху (супер финог)

2 јаја

За украс и украс:

¼ пт/2/3 шоље/150 мл за шлаг или дуплу павлаку (тешка)

100 г/4 оз/1/3 шоље мармеладе од ђумбира

4 кекса од ђумбира (кекса), здробљена

Неколико комада кандираног ђумбира (кандираног)

Помешајте све састојке за торту док се добро не сједине. Поделити у две подмазане и обложене тепсије за сендвиче од 7цм/18цм и пећи у претходно загрејаној рерни на 325°Ф/160°Ц/термостат 3 25 минута док не порумени и не омекшају на додир. Оставите да се хлади 5 минута у калупима, а затим одложите на решетку да се заврши хлађење. Сваку торту преполовите хоризонтално.

Да направите фил, умутите крему до чврсте креме. Основни слој торте премажите половином мармеладе и ставите други слој на врх. Премажите половином креме и прекријте следећим слојем. Премажите га остатком мармеладе и прекријте последњим слојем. Одозго премажите остатком креме и украсите мрвицама колачића и кандираним ђумбиром.

Колач од грожђица и брескве

Прави торту од 20 цм

4 јаја

100 г/4 оз/½ шоље шећера у праху (супер финог)

6 оз/75 г/1½ шоље обичног брашна (за све намене)

Пстохват соли

За украс и украс:
100 г/14 оз/1 велика конзерва брескве у сирупу

2 шоље/¾ пт/450 мл дупле креме (густе)

50 г/2 оз/¼ шоље шећера (супер финог)

Неколико капи есенције ваниле (екстракт)

100 г/4 оз/1 шоља лешника, сецканих

100 г грожђа без коштица (без коштица)

Гранчица свеже нане

Умутите јаја и шећер док смеса не постане густа и бледа и не потече из мутилице у тракама. Просејте брашно и со и лагано умешајте док се не сједине. Сипајте у намазани и обложени плех од 20 цм/8 цм и пеците у претходно загрејаној рерни на 180°Ц/350°Ф/термостату 4 30 минута док чачкалица уметнута у средину не изађе чиста. Оставите да се хлади у плеху 5 минута, а затим га одмотајте на решетку да се заврши хлађење. Прережите торту на пола хоризонтално.

Оцедите брескве и резервишите 6 кашика/90 мл сирупа. Половину брескве танко исецкајте, а остатак исецкајте. Умутити крему са шећером и есенцијом ваниле док не постане густа. На доњи слој торте намажите половину креме, поспите сецканим бресквама и замените горњи део торте. Остатак креме премазати са стране и по врху торте.

Здробљене орахе стисните са стране. Распоредите нарезане брескве око горње ивице торте, а грожђице у средину. Украсите гранчицом менте.

Лемон цаке

Прави торту од 7"/18 цм

за торту:

100 г/4 оз/½ шоље путера или маргарина, омекшаног

100 г/4 оз/½ шоље шећера у праху (супер финог)

2 јаја, лагано умућена

100 г/4 оз/1 шоља брашна које се само диже

Прстохват соли

Рендана кора и сок од 1 лимуна

За глазуру (глазуру):

100 г/4 оз/½ шоље путера или маргарина, омекшаног

8 оз/11/3 шоље/225 г шећера (кондиторског) шећера, просејаног

100г/4оз/1/3 шоље лимун цурда

Цвеће за глазуру за декорацију

Да бисте направили торту, умутите путер или маргарин и шећер док не постану лагани и мекани. Постепено умешајте јаја, па брашно, со и лимунову корицу. Поделити смесу у две подмазане и обложене тепсије за сендвиче од 7цм/18цм и пећи у претходно загрејаној рерни на 350°Ф/180°Ц/термостат 4 25 минута док не постане чврста на додир. Остави да се охлади.

Да бисте направили глазуру, умутите путер или маргарин док не омекша, а затим умешајте шећер у праху и лимунов сок да добијете конзистенцију која се може намазати. Положите колаче у сендвич са лимуном и премажите три четвртине глазура преко врха и са стране торте, исеците шаре виљушком. Ставите остатак глазуре у кесу са звездастим врхом (врхом) и розетама од цеви око врха торте. Украсите глазуром.

Бровн Цаке

Прави торту од 10"/25 цм

15 оз/425 г великог лименог кестен пиреа

6 јаја, одвојено

5мл/1 кашичица есенције ваниле (екстракт)

5 мл/1 тсп. млевени цимет

350 г/12 оз/2 шоље шећера у праху (за посластичаре), просејаног

100 г/4 оз/1 шоља обичног брашна (за све намене)

5 мл / 1 кашичица желатина у праху

30 мл / 2 кашике воде

15 мл/1 кашика рума

½ пт/1¼ шоље/300 мл дупле креме (густе)

90 мл/6 кашика џема од кајсије (из конзерве), процеђеног (процеђеног)

30 мл / 2 кашике воде

450 г/1 лб/4 шоље обичне (полуслатке) чоколаде, изломљене на комаде

100 г марципана

30 мл/2 кашике сецканих пистација

Просејте кестен пире и мешајте док не постане глатка, а затим поделите на пола. Помешајте половину са жуманцима, есенцијом ваниле, циметом и 50 г/2 оз/1/3 шоље шећера у праху. Умутите беланца у чврст снег, а затим постепено умутите 1 шољу/6 оз/175 г шећера у праху док се не формира чврсти снег. Додајте у мешавину жуманаца и кестена. Додајте брашно и сипајте у маслацем обложен калуп за торте величине 25 цм/10. Пеците у претходно загрејаној рерни на 180°Ц/350°Ф/термостату 4 45 минута док не омекшају на додир. Оставите да се охлади, а затим поклопите и оставите да одстоји преко ноћи.

Поспите желатин преко воде у чинији и оставите док не постане сунђераст. Ставите посуду у лонац са топлом водом и оставите док се не раствори. Пустите да се мало охлади. Остатак кестен пиреа помешајте са остатком шећера у праху и румом. Умутите крему у чврсту крему, па је умешајте у пире са раствореним желатином. Прережите торту хоризонтално на три и сендвич са кестен пиреом. Исеците ивице, а затим ставите у фрижидер на 30 минута.

Прокувајте џем са водом док се не сједини, а затим премажите врх и стране колача. Отопите чоколаду у посуди отпорној на топлоту постављену изнад шерпе воде која се кључа. Обликујте марципан у 16 облика кестена. Подлогу умочите у отопљену чоколаду, па у пистације. Преосталом чоколадом премажите врх и странице торте и загладите површину палетним ножем. Ређајте марципан кестене око ивице док је чоколада још врућа и нарежите на 16 кришки. Оставите да се охлади и стегните.

Хајдучка трава

Прави торту од 23 цм

Лиснато тесто 225г/8оз

¼ пт/2/3 шоље/150 мл дупле (тешке) или павлаке за шлаг

45 мл / 3 кашике. кашике џема од малина (чувати)

Шећер у праху (кондиторски), просејан

Тесто (тесто) развуците на око 1/8/3мм дебљине и исеците на три једнака правоугаоника. Ставите на влажан плех (колачић) и пеците у претходно загрејаној рерни на 200°Ц/400°Ф/термостату 6 10 минута док не порумени. Охладите на решетки. Умутити крему у чврсту крему. На два правоугаоника теста намажите џем. Правоугаонике спојите у сендвич са кремом, украсите преосталом кремом. Послужите посуто шећером у праху.

Наранџаста торта

Прави торту од 7"/18 цм

8 оз/1 шоља путера или маргарина, омекшаног

100 г/4 оз/½ шоље шећера у праху (супер финог)

2 јаја, лагано умућена

100 г/4 оз/1 шоља брашна које се само диже

Прстохват соли

Рендана кора и сок од 1 поморанџе

8 оз/11/3 шоље/225 г шећера (кондиторског) шећера, просејаног

Кришке глазираних поморанџи (кандираних) за украшавање

Половину путера или маргарина и шећер у праху умутите у крему док не постане мекана. Постепено умешајте јаја, па умешајте брашно, со и корицу поморанџе. Поделити смесу у две подмазане и обложене тепсије за сендвиче од 7цм/18цм и пећи у претходно загрејаној рерни на 350°Ф/180°Ц/термостат 4 25 минута док не постане чврста на додир. Остави да се охлади.

Умутите преостали путер или маргарин док не омекша, а затим умешајте шећер у праху и сок од поморанџе да добијете конзистенцију која се може намазати. Положите колаче у сендвич са једном трећином глазура (глазуре), а затим распоредите остатак преко врха и са стране торте, зарезујући шаре виљушком. Украсите кришкама глазираних поморанџи.

Четворослојна торта од наранџе од мармеладе

Прави торту од 23 цм

за торту:

200 мл / једва 1 шоља воде

25 г/1 оз/2 кашике путера или маргарина

4 јаја, лагано умућена

300 г/11 оз/11/3 шоље шећера у праху (супер финог)

5мл/1 кашичица есенције ваниле (екстракт)

300 г/11 оз/2¾ шоље обичног брашна (за све намене)

10 мл/2 кашичице прашка за пециво

Прстохват соли

За пуњење:

30 мл / 2 кашике. кашика обичног брашна (за све намене)

30 мл/2 кашике кукурузног скроба (кукурузни скроб)

15 мл/1 кашика шећера (супер финог)

2 јаја, одвојена

450 мл/¾ пт/2 шоље млека

5мл/1 кашичица есенције ваниле (екстракт)

120 мл/½ шоље слатког шерија

175 г/6 оз/½ шоље мармеладе од наранџе

120 мл/4 фл оз/½ шоље дупле креме (густе)

100 г/4 оз црне рибизле са кикирикијем, здробљене

Да бисте направили колач, провирите воду са путером или маргарином. Јаја и шећер умутите заједно док не постану бледи, па наставите да мутите док смеса не постане веома светла. Умешајте есенцију ваниле, поспите брашном, прашком за пециво и сољу и сипајте мешавину кључалог путера и воде. Мешајте само док се не сједини. Поделити у две подмазане и побрашњене тепсије за сендвиче од 9цм/23цм и пећи у претходно загрејаној рерни на 350°Ф/180°Ц/термостат 4 25 минута док не порумени и не омекшају на додир. Оставите да се хлади у тепсији 3 минута, а затим одмотајте на решетку да се заврши хлађење. Сваку торту преполовите хоризонтално.

За фил помешати брашно, кукурузни скроб, шећер и жуманца у пасту са мало млека. Остатак млека проври у шерпи, па га сипајте у смесу и умутите док не постане глатко. Вратите у испрани лонац и ставите да проври на лаганој ватри, уз стално мешање, док се не згусне. Склоните са ватре и умешајте есенцију ваниле, па оставите да се мало охлади. Умутите беланца у чврст снег, па умешајте.

Сва четири слоја торте поспите шери, три премажите мармеладом, па премажите кремом. Саставите слојеве заједно у четворослојни сендвич. Умутити крему у чврсту крему и прелити преко врха торте. Поспите хрскавим кикирикијем.

Колач од ораха и урме

Прави торту од 23 цм

за торту:

250 мл/1 шоља кључале воде

2 шоље/1 лб/450 г урми без коштица (без коштица), ситно исецканих

2,5 мл/½ кашичице соде бикарбоне (соде бикарбоне)

8 оз/1 шоља путера или магарина, омекшаног

225 г/8 оз/1 шоља шећера у праху (супер финог)

3 јаја

100 г/4 оз/1 шоља сецканих пекана

5мл/1 кашичица есенције ваниле (екстракт)

350 г/12 оз/3 шоље обичног брашна (за све намене)

10 мл / 2 кашике. млевени цимет

5 мл/1 кашичица прашка за пециво

За глазуру (глазуру):

120 мл/½ шоље воде

30 мл/2 кашике какао (незаслађена чоколада) праха

10 мл/2 кашичице инстант кафе у праху

100 г/4 оз/½ шоље путера или маргарина

400 г/14 оз/21/3 шоље шећера (кондиторског) шећера, просејаног

2 оз/½ шоље/50 г ореханих пекана, ситно исецканих

Да бисте направили торту, урме и соду бикарбону прелијте кипућом водом и оставите да одстоји док се не охлади. Умутите путер или маргарин и шећер у праху док не постану глатки. Постепено додајте јаја, па додајте орахе, есенцију ваниле и урме. Умешајте брашно, цимет и прашак за пециво.

Поделити у два калупа за сендвиче од 9цм/23цм премазане путером и пећи у претходно загрејаној рерни на 350°Ф/180°Ц/термостат 4 30 минута док не омекшају на додир. Окрените на решетку да се охлади.

Да бисте направили глазуру, прокувајте воду, какао и кафу у малом лонцу док се не формира густи сируп. Остави да се охлади. Умутите путер или маргарин и шећер у праху док не омекшају, а затим умешајте сируп. Положите колаче у сендвич трећином глазура. Половину преостале глазуре намажите по странама торте, а затим утисните сецкане пекане. На врх распоредите већину преостале глазуре и нанесите неколико розета глазура.

Колач од шљива и цимета

Прави торту од 23 цм

350 г/12 оз/1½ шоље путера или маргарина, омекшаног

175 г/6 оз/¾ шоље шећера у праху (супер финог)

3 јаја

150 г/5 оз/1¼ шоље брашна које се само диже (самоподижуће се)

5 мл/1 кашичица прашка за пециво

5 мл/1 тсп. млевени цимет

350 г/12 оз/2 шоље шећера у праху (за посластичаре), просејаног

5 мл/1 тсп. ситно нарендана кора поморанџе

100 г/4 оз/1 шоља лешника, грубо млевених

11 оз/300 г средњих шљива, оцеђених

Половину путера или маргарина и шећер у праху умутите у крему док не постане мекана. Постепено умутите јаја, па умешајте брашно, прашак за пециво и цимет. Сипајте у подмазан и обложен квадратни плех величине 23 цм и пеците у претходно загрејаној рерни на 180°Ц/350°Ф/термостат 4 40 минута док чачкалица уметнута у средину не изађе чиста. Извадите из калупа и оставите да се охлади.

Преостали путер или маргарин умутите док не омекша, па умешајте шећер у праху и рендану корицу поморанџе. Прережите торту водоравно на пола, а затим у сендвич нанесите две половине са две трећине глазура. Премажите већину преостале глазуре преко врха и са стране торте. Са стране торте истисните орахе и по врху лепо распоредите шљиве. Преосталу глазуру украсно распоредите око горње ивице торте.

Колач од сувих шљива

Прави торту од 10"/25 цм

за торту:

225 г/8 оз/1 шоља путера или маргарина

300 г/10 оз/2¼ шоље шећера у праху (супер финог)

3 јаја, одвојена

450 г/1 лб/4 шоље обичног брашна (за све намене)

5 мл/1 кашичица прашка за пециво

5мл/1 кашичица соде бикарбоне (соде бикарбоне)

5 мл/1 тсп. млевени цимет

5 мл/1 тсп. рендани мушкатни орашчић

2,5 мл/½ кашичице млевених каранфилића

Прстохват соли

8 фл оз/1 шоља појединачне креме (светле)

8 оз/1 1/3 шоље куваних сувих шљива без коштица (без коштица), ситно исецканих

За пуњење:

8 фл оз/1 шоља појединачне креме (светле)

100 г/4 оз/½ шоље шећера у праху (супер финог)

3 жуманца

8 оз/1 1/3 шоље куваних сувих шљива без коштица (без коштица)

30 мл/2 кашике рендане корице поморанџе

5мл/1 кашичица есенције ваниле (екстракт)

50 г/2 оз/½ шоље сецканих мешаних орашастих плодова

Да направите торту, умутите путер или маргарин и шећер. Постепено умешајте жуманца, па брашно, прашак за пециво, соду бикарбону, зачине и со. Умешајте крему и суве шљиве. Умутите беланца у чврст снег, па их умешајте у смесу.
Поделити у три подмазане и побрашњене тепсије за сендвиче 10/25 цм и пећи у претходно загрејаној рерни на 350°Ф/180°Ц/термостат 4 25 минута, док добро не напухну и не омекшају на додир. Остави да се охлади.

Комбинујте све састојке за прелив осим ораха док се добро не сједине. Ставите у шерпу и кувајте на лаганој ватри док се не згусне, непрестано мешајући. Премажите једну трећину фила преко основног колача и поспите једном трећином ораха. Ставите другу торту на врх и прекријте половином преостале глазуре и половином преосталих орашастих плодова. Ставите завршну торту на врх и премажите преосталом глазуром и орашастим плодовима.

Раинбов Стрипе Цаке

Прави торту од 7"/18 цм

за торту:

100 г/4 оз/½ шоље путера или маргарина, омекшаног

225 г/8 оз/1 шоља шећера у праху (супер финог)

3 јаја, одвојена

225 г/8 оз/2 шоље обичног брашна (за све намене)

Прстохват соли

120 мл/½ шоље млека, плус још мало

5 мл/1 кашичица креме од каменца

2,5 мл/½ кашичице соде бикарбоне (соде бикарбоне)

Неколико капи есенције лимуна (екстракт)

Неколико капи црвене боје за храну

10 мл / 2 кашике. какао прах (незаслађена чоколада)

За фил и глазуру (глазуру):

8 оз/11/3 шоље/225 г шећера (кондиторског) шећера, просејаног

2 оз/¼ шоље/50 г путера или маргарина, омекшаног

10 мл/2 кашичице топле воде

5 мл / 1 кашичица млека

2,5 мл/½ кашичице есенције ваниле (екстракт)

Гранчице шећера у боји за украшавање

Да бисте направили торту, умутите путер или маргарин и шећер док не постану лагани и мекани. Постепено додајте жуманца, па наизменично додајте брашно и со са млеком. Помешајте крем од тартара и соде бикарбоне са још мало млека, па умешајте у смесу. Умутите беланца у чврст снег, па их металном кашиком умешајте у смесу. Поделити смешу на три једнака дела. Помешајте есенцију лимуна у првој посуди, црвену боју за храну у другој посуди, а какао у трећој посуди. Сипајте смесу у подмазане и обложене калупе за торте од 18цм/7цм и пеците у претходно загрејаној рерни на 350°Ф/180°Ц/термостат 4 25 минута док се не стегне. златне су и меке на додир. Оставите да се хлади 5 минута у калупима, а затим одложите на решетку да се заврши хлађење.

Да бисте направили глазуру, ставите шећер у праху у посуду и направите бунар у средини. Постепено умешајте путер или маргарин, воду, млеко и есенцију ваниле док не постане глатко. Ставите колаче у сендвич са једном трећином смесе, а затим распоредите остатак преко врха и страница торте, храпави површину виљушком. Поспите врх гранчицама шећера у боји.

Торта Ст-Хоноре

Прави торту од 10"/25 цм

За цхоук пециво (тесто):

50 г/2 оз/¼ шоље несланог путера или маргарина (заслађеног)

150 мл/¼ пт/2/3 шоље млека

Прстохват соли

50 г/2 оз/½ шоље обичног брашна (за све намене)

2 јаја, лагано умућена

Лиснато тесто 225г/8oz

1 жуманца

За карамел:

225 г/6 оз/¾ шоље шећера у праху (супер финог)

90 мл / 6 кашика воде

За украс и украс:

5 мл / 1 кашичица желатина у праху

15 мл / 1 кашика воде

1 количина креме од ваниле

3 беланца

175 г/6 оз/¾ шоље шећера у праху (супер финог)

90 мл / 6 кашика воде

Да направите цхоук пециво (тесто), растопите путер са млеком и сољу на лаганој ватри. Брзо доведите до кључања, а затим склоните са ватре и брзо умешајте брашно и мешајте док се тесто не одвоји од ивица тигања. Оставите да се мало охладе, а затим врло постепено убаците јаја и наставите да мутите док не постану глатка и сјајна.

Лиснато тесто разваљајте у круг од 10½/26 цм, ставите на подмазан плех и избоцкајте виљушком. Пребаците цхоук тесто у кесу са обичном млазницом од 1 цм/½ (врхом) и формирајте круг око ивице лиснатог теста. Извуците други круг на пола пута до центра. На посебном подмазаном плеху формирајте лоптице од остатка цхоук теста. Цело пециво премажите жуманцем и пеците у претходно загрејаној рерни на 220°Ц/425°Ф/термостат 7 12 минута за чок куглице и 20 минута за подлогу док не постану златне и напухане.

Да бисте направили карамел, растворите шећер у води, а затим кувајте без мешања око 8 минута на 160°Ц/320°Ф док не добијете лагану карамелу. Премажите спољни прстен карамелом, мало по мало. Уроните горњу половину лоптица у карамел, а затим их притисните на спољни прстен за тесто.

Да направите фил, поспите желатин преко воде у чинији и оставите док не постане паперјаст. Ставите посуду у лонац са топлом водом и оставите док се не раствори. Оставите да се мало прохлади, па умешајте крему од ваниле. Умутити беланца у чврст снег. У међувремену, кувајте шећер и воду на 120°Ц/250°Ф или док кап хладне воде не формира тврду лопту. Постепено додајте беланца, па наставите да мутите док се не охлади. Додајте у крему за пециво. Сипајте крему у средину торте и охладите пре сервирања.

Колач од купуса од јагода

Прави торту од 23 цм

2 оз/¼ шоље/50 г путера или маргарина

150 мл/¼ пт/2/3 шоље воде

75 г/3 оз/1/3 шоље обичног брашна (за све намене)

Прстохват соли

2 јаја, лагано умућена

1/3 шоље/2 оз/50 г шећера у праху (за посластичаре), просијано

½ кашичице/1¼ шоље/300 мл дупле (тешке) креме, умућене

225 г/8 оз јагода, преполовљених

1 оз / ¼ шоље исецканих бадема (сецканих)

У шерпу ставите путер или маргарин и воду и полако прокувајте. Склоните са ватре и брзо умешајте брашно и со. Постепено умутите јаја док тесто не постане сјајно и не одвоји се од ивица тигања. Ставите кашике смесе у круг на подмазан плех да бисте формирали кружну торту и пеците у претходно загрејаној рерни на 220°Ц/425°Ф/термостат 7 30 минута док не порумени. Остави да се охлади. Прережите торту на пола хоризонтално. Умутите шећер у праху у крему. Половине послажите у сендвич кремом, јагодама и бадемима.

торта од јагода

Прави торту од 20 цм

1 јабука за печење (пита), ољуштена, очишћена од језгре и исецкана

25 г/1 оз/3 кашике сувих смокава, исецканих

25 г / 1 оз / 3 кашике сувог грожђа

75 г/3 оз/1/3 шоље путера или маргарина

2 јаја

175 г/6 оз/1½ шоље обичног брашна (за све намене)

5 мл/1 кашичица прашка за пециво

30 мл/2 кашике млека

225 г јагода, нарезаних на кришке

225 г/8 оз/1 шоља крем сира

Пасирајте јабуке, смокве, суво грожђе и путер или маргарин док не постану лагани и мекани. Умутите јаја, па у њих умешајте брашно, прашак за пециво и довољно млека да добијете мекано тесто. Сипајте у подмазан калуп за торте са 8/20 цм лабавог дна и пеците у претходно загрејаној рерни на 350°Ф/180°Ц/термостат 4 30 минута док не постане чврста на додир. Извадите из калупа и оставите да се охлади. Прережите торту на пола хоризонтално. Сендвич са јагодама и крем сиром.

Моуссе торта од јагода

Прави торту од 23 цм

за торту:

100 г/4 оз/1 шоља брашна које се само диже

100 г/4 оз/½ шоље путера или маргарина, омекшаног

100 г/4 оз/½ шоље шећера у праху (супер финог)

2 јаја

За моуссе:

15 мл / 1 кашика желатина у праху

30 мл / 2 кашике воде

450г/1лб јагода

3 јаја, одвојена

75 г/3 оз/1/3 шоље шећера у праху (супер финог)

5 мл / 1 кашичица лимуновог сока

½ пт/1¼ шоље/300 мл дупле креме (густе)

30 мл / 2 кашике. исецкани бадеми (исецкан), лагано тостирани

Умутити састојке за торту док не постане глатка. Сипајте у подмазан и обложен калуп за торту од 9 цм/23 цм и пеците у претходно загрејаној рерни на 375°Ф/190°Ц/термостат 5 25 минута док не порумене и не постану чврсти на додир. Извадите из калупа и оставите да се охлади.

Да направите моуссе, поспите желатин преко воде у чинији и оставите док не постане паперјаст. Ставите посуду у лонац са топлом водом и оставите док се не раствори. Пустите да се мало охлади. У међувремену, пире 350 г/12 оз јагода, па процедите кроз сито (цедило) да уклоните семенке. Умутите жуманца и шећер док не постану бледи и густи, а смеса не исцури из метлице у траке. Умешајте пире, лимунов сок и желатин. Умутити крему у чврсту крему, па половину умешати у смесу. Чистом мутилицом и чинијом умутите беланца у чврст снег, па их умешајте у смесу.

Прережите бисквит хоризонтално на пола и једну половину ставите на дно чистог калупа за торте (калупа) прекривеног прозирном фолијом (пластичном фолијом). Преостале јагоде исеците на колутиће и поређајте на бисквит, затим украсите кремом са укусом и на крају другим слојем торте. Притисните веома нежно. Ставите у фрижидер док се не стегне.

Да бисте сервирали, окрените торту на тањир за сервирање и уклоните прозирну фолију (пластични омотач). Украсите остатком креме и украсите бадемима.

Ускршњи шешир

Прави торту од 20 цм

75 г/3 оз/1/3 шоље мусковадо шећера

3 јаја

75 г/3 оз/¾ шоље брашна које се само диже (самоустајуће)

15 мл/1 кашика какао праха (незаслађена чоколада)

15 мл / 1 кашика млаке воде

За пуњење:
2 оз/¼ шоље/50 г путера или маргарина, омекшаног

3 оз/½ шоље/75 г шећера (кондиторског) шећера, просијаног

За украс:
100 г/4 оз/1 шоља обичне чоколаде (полуслатке)

25 г/1 оз/2 кашике путера или маргарина

Трака или шећерно цвеће (опционо)

Умутите шећер и јаја у посуди отпорној на топлоту постављеној изнад лонца воде која се кључа. Наставите да мутите док смеса не постане густа и кремаста. Оставите да одстоји неколико минута, а затим склоните са ватре и поново туците све док смеса не остави траг када уклоните метлицу. Умешајте брашно и какао, па умешајте воду. Сипајте смесу у подмазан и обложен калуп за торту од 8 ин/20 цм и подмазан и обложен калуп за торту од 6 ин/15 цм. Пеците у претходно загрејаној рерни на 200°Ц/400°Ф/термостату 6 15-20 минута док се добро не дигну и чврсте на додир. Оставите да се охлади на решетки.

Да направите фил, умутите маргарин и шећер у праху. Користите га за сендвич мањег колача на већи.

Да бисте направили фил, истопите чоколаду и путер или маргарин у посуди отпорној на топлоту која је постављена изнад шерпе воде која се кључа. Колач прелити филом и премазати ножем умоченим у врелу воду тако да буде потпуно покривен. Украсите око ивице траком или шећерним цветовима.

Симнел Ускршњи колач

Прави торту од 20 цм

8 оз/1 шоља путера или маргарина, омекшаног

225 г/8 оз/1 шоља меког смеђег шећера

Рендана кора од 1 лимуна

4 умућена јаја

225 г/8 оз/2 шоље обичног брашна (за све намене)

5 мл/1 кашичица прашка за пециво

2,5 мл/½ кашичице ренданог мушкатног орашчића

50 г/2 оз/½ шоље кукурузног брашна (кукурузни скроб)

100 г/4 оз/2/3 шоље сувог грожђа (златно суво грожђе)

100г/4оз/2/3 шоље грожђица

75 г/3 оз/½ шоље рибизле

100 г/4 оз/½ шоље глазираних трешања (кандираних), исецканих

25 г/1 оз/¼ шоље млевених бадема

450г/1лб марципана

30 мл/2 кашике џема од кајсије (продавница)

1 умућено беланце

Умутите путер или маргарин, шећер и лимунову корицу док не постану пјенасти. Постепено умешајте јаја, затим умешајте брашно, прашак за пециво, мушкатни орашчић и кукурузни скроб. Умешајте воће и бадеме. Сипајте половину смесе у подмазан и обложен калуп за торту од 20 цм. Половину марципана развуците у круг величине торте и ставите преко смесе. Напуните остатком смесе и пеците у претходно загрејаној рерни на 160°Ц/325°Ф/термостат 3 2 до 2 ½ сата док не порумене. Пустите да се освежи у чинији. Када се охлади, одмотајте и умотајте у пергамент папир (навоскиран). Чувајте у херметички затвореној посуди до три недеље ако је могуће да сазре.

Да завршите торту, врх премажите џемом. Три четвртине преосталог марципана разваљајте у круг пречника 8/20 цм, поравнајте ивице и поређајте на врх торте. Преостали марципан разваљајте у 11 лоптица (да представљају ученике без Јуде). Премажите врх торте умућеним беланцетом и поређајте куглице око ивице колача, па их премажите беланца. Ставите испод врелог бројлера (бројлера) око минут да лагано порумене.

Торта дванаесте ноћи

Прави торту од 20 цм

8 оз/1 шоља путера или маргарина, омекшаног

225 г/8 оз/1 шоља меког смеђег шећера

4 умућена јаја

225 г/8 оз/2 шоље обичног брашна (за све намене)

5 мл/1 тсп. млевени зачини (пита од јабука)

175 г/6 оз/1 шоља сувог грожђа (златно суво грожђе)

100г/4оз/2/3 шоље грожђица

75 г/3 оз/½ шоље рибизле

50 г/2 оз/¼ шоље глазираних трешања (кандираних)

2 оз/50 г/1/3 шоље мешане (кандиране) коре, исецкане

30 мл/2 кашике млека

12 свећа за украшавање

Умутите путер или маргарин и шећер док не постану глатки. Постепено умутите јаја, затим умешајте брашно, мешане зачине, воће и корицу и мешајте док се добро не сједине, додајући мало млека ако је потребно да добијете глатку смесу. Сипајте у намазан и обложен калуп за векне од 8 инча/20 цм и пеците у претходно загрејаној рерни на 180°Ц/350°Ф/термостату 4 2 сата док чачкалица уметнута у средину не изађе чиста. Напустити

Микроталасна торта од јабука

Прави квадрат од 9"/23 цм

100 г/4 оз/½ шоље путера или маргарина, омекшаног

100 г/4 оз/½ шоље меког смеђег шећера

30 мл / 2 кашике. кашика златног сирупа (светли кукуруз)

2 јаја, лагано умућена

225 г/8 оз/2 шоље брашна које се само диже (самоподижуће се)

10 мл / 2 кашике. млевени зачини (пита од јабука)

120 мл/½ шоље млека

2 јабуке за кување (пита), ољуштене, очишћене од језгре и танко исечене

15 мл/1 кашика шећера (супер финог)

5 мл/1 тсп. млевени цимет

Умутите путер или маргарин, смеђи шећер и сируп док не постану глатки. Постепено додајте јаја. Умешајте брашно и мешавину зачина, па умешајте млеко док не омекша. Умешајте јабуке. Сипајте у подмазан калуп за микроталасну пећницу (цеваст калуп) обложен основом од 9/23 цм и пеците у микроталасној на средњој снази 12 минута док се не стегне. Оставите да одстоји 5 минута, а затим окрените и поспите шећером у праху и циметом.

Микроталасна торта од јабуке

Прави торту од 20 цм

100 г/4 оз/½ шоље путера или маргарина, омекшаног

175 г/6 оз/¾ шоље меког смеђег шећера

1 јаје, лагано умућено

175 г/6 оз/1½ шоље обичног брашна (за све намене)

2,5 мл/½ кашичице прашка за пециво

Прстохват соли

2,5 мл/½ кашичице. млевена алева паприка

1,5 мл/¼ кашичице рендани мушкатни орашчић

1,5 мл/¼ кашичице млевени каранфилић

½ пт/1¼ шоље/300 мл незаслађеног пиреа од јабуке (сос)

75 г/3 оз/½ шоље сувог грожђа

Шећер у праху (за кондиторске производе) за посипање

Умутите путер или маргарин и смеђи шећер док не постану лагани. Постепено додајте јаје, па додајте брашно, прашак за пециво, со и зачине, наизменично са пиреом од јабука и сувим грожђем. Сипајте у подмазан и брашном посут квадратни суд за микроталасну пећницу величине 8 инча/20 цм и пеците у микроталасној на високој температури 12 минута. Оставите да се охлади у суду, па исеците на квадрате и поспите шећером у праху.

Колач од јабука и ораха у микроталасној пећници

Прави торту од 20 цм

6 оз/¾ шоље/175 г путера или маргарина, омекшаног

100 г/4 оз/½ шоље шећера у праху (супер финог)

3 јаја, лагано умућена

30 мл / 2 кашике. кашика златног сирупа (светли кукуруз)

Рендана кора и сок од 1 лимуна

175 г/6 оз/1½ шоље брашна које се само диже (самоподижуће се)

50 г/2 оз/½ шоље ораха, сецканих

1 јабука за јело (за десерт), огуљена, очишћена од језгре и исецкана

100 г/4 оз/2/3 шоље шећера (бомбона).

30 мл/2 кашике лимуновог сока

15 мл / 1 кашика воде

Половине ораха за украшавање

Умутите путер или маргарин и шећер у праху док не постану лагани. Постепено додајте јаја, затим сируп, лимунову корицу и сок. Умешајте брашно, сецкане орахе и јабуку. Сипајте у подмазан округли суд за микроталасну пећницу од 8 инча/20 цм и пеците у микроталасној на високој температури 4 минута. Извадите из рерне и прекријте алуминијумском фолијом. Остави да се охлади. Помешајте шећер у праху са лимуновим соком и довољно воде да добијете глатку глазуру (глазуру). Премажите торту и украсите половинама ораха.

Шаргарепа у микроталасној пећници

Прави торту од 7"/18 цм

100 г/4 оз/½ шоље путера или маргарина, омекшаног

100 г/4 оз/½ шоље меког смеђег шећера

2 умућена jaja

Рендана кора и сок од 1 поморанџе

2,5 мл/½ кашичице. млевени цимет

Прстохват ренданог мушкатног орашчића

100 г рендане шаргарепе

100 г/4 оз/1 шоља брашна које се само диже

25 г/1 оз/¼ шоље млевених бадема

25 г/1 оз/2 кашике шећера у праху (супер финог)

За украс:

100г/4оз/½ шоље крем сира

1/3 шоље/2 оз/50 г шећера у праху (за посластичаре), просијано

30 мл/2 кашике лимуновог сока

Умутити путер и шећер док не постану лагани и глатки. Постепено умешајте јаја, па умешајте сок и корицу од поморанџе, зачине и шаргарепу. Умешајте брашно, бадеме и шећер. Сипати у намазан и обложен калуп за торте величине 18 цм/7 и покрити прозирном фолијом (пластичном фолијом). Микроталасна на високој температури 8 минута док чачкалица уметнута у средину не изађе чиста. Уклоните прозирну фолију и оставите да одстоји 8 минута пре него што га скинете са калупа на решетку да се заврши хлађење. Умутити састојке за фил, па их премазати преко охлађеног колача.

Колач од шаргарепе, ананаса и ораха у микроталасној

Прави торту од 20 цм

225 г/8 оз/1 шоља шећера у праху (супер финог)

2 јаја

120 мл/½ шоље уља

1,5 мл / ¼ кашичице соли

5мл/1 кашичица соде бикарбоне (соде бикарбоне)

100 г/4 оз/1 шоља брашна које се само диже

5 мл/1 тсп. млевени цимет

6 оз/175 г шаргарепе, рендане

75 г/3 оз/¾ шоље ораха, сецканих

225 г/8 оз здробљеног ананаса са својим соком

За глазуру (глазуру):
15 г/½ оз/1 тбсп. кашика путера или маргарина

50 г/2 оз/¼ шоље крем сира

10 мл/2 кашичице лимуновог сока

Шећер у праху (кондиторски), просејан

Велику кружну тепсију (тепсију) обложите папиром за печење. Умутити заједно шећер, јаја и уље. Лагано умешајте суве састојке док се добро не сједине. Умешајте остале састојке за торту. Сипајте смесу у припремљену тепсију, ставите на решетку или преокренуту плочу и пеците у микроталасној на јакој снази 13 минута или док се не стегне. Оставите да одстоји 5 минута, а затим га извадите из калупа на решетку да се охлади.

У међувремену припремите глазуру. Ставите путер или маргарин, крем сир и лимунов сок у чинију и загрејте у микроталасној пећници 30-40 секунди. Постепено умешајте довољно шећера у праху да добијете густу конзистенцију и умутите док не постане мекано. Када се колач охлади, премажите га преко глазура.

Зачињени колачи од мекиња у микроталасној

Дајте 15

75 г/3 оз/¾ шоље Алл Бран житарице

250 мл/1 шоља млека

175 г/6 оз/1½ шоље обичног брашна (за све намене)

75 г/3 оз/1/3 шоље шећера у праху (супер финог)

10 мл/2 кашичице прашка за пециво

10 мл / 2 кашике. млевени зачини (пита од јабука)

Прстохват соли

60мл/4 тсп кашика златног сирупа (светли кукуруз)

45 мл/3 кашике уља

1 јаје, лагано умућено

75 г/3 оз/½ шоље сувог грожђа

15 мл / 1 кашика рендане корице поморанџе

Потопите житарице у млеко 10 минута. Помешајте брашно, шећер, прашак за пециво, мешане зачине и со, па умешајте у житарице. Умешајте сируп, уље, јаје, суво грожђе и корицу поморанџе. Сипајте у папирне кутије (папири за колаче) и пеците пет колача у микроталасну на великој снази 4 минута. Поновите за преостале колаче.

Микроталасна маракуја Банана Цхеесецаке

Прави торту од 23 цм

100 г/4 оз/½ шоље путера или маргарина, отопљеног

175 г/6 оз/1½ шоље мрвица колачића од ђумбира

250г/9оз/велика 1 шоља крем сира

6 фл оз/¾ шоље слатке и павлаке

2 јаја, лагано умућена

100 г/4 оз/½ шоље шећера у праху (супер финог)

Рендана кора и сок од 1 лимуна

¼ пт/2/3 шоље/150 мл павлаке за шлаг

1 банана, нарезана

1 маракуја, сецкана

Помијешајте путер или маргарин и мрвице колачића и утисните на дно и странице посуде за пите од 9 инча/23 цм за микроталасну пећницу. Микровална пећница на великој снази 1 минут. Остави да се охлади.

> Умутите крем сир и павлаку док не постане глатко, а затим умешајте јаје, шећер и лимунов сок и корицу. Сипајте у подлогу и равномерно распоредите. Кувајте на средњој ватри 8 минута. Остави да се охлади.

Умутите крему у чврсту крему, па је распоредите по кућишту. Украсите кришкама банане и сипајте месо маракује на врх.

Чизкејк од наранџе у микроталасној пећници

Прави торту од 20 цм

2 оз/¼ шоље/50 г путера или маргарина

12 дигестивних кекса (грахам крекера), згњечених

100 г/4 оз/½ шоље шећера у праху (супер финог)

225 г/8 оз/1 шоља крем сира

2 jaja

30 мл/2 кашике концентрованог сока од поморанџе

15 мл / 1 кашика лимуновог сока

150 мл/¼ пт/2/3 шоље павлаке (млечне)

Прстохват соли

1 наранџа

30 мл/2 кашике џема од кајсије (продавница)

¼ пт/2/3 шоље/150 мл дупле креме (тешке)

Отопите путер или маргарин у посуди за тепсију од 8 инча/20 цм у микроталасној пећници на јакој снази 1 минут. Умешајте мрвице колачића и 25 г/1 оз/2 кашике шећера и притисните на дно и странице посуде. Сир умутите са преосталим шећером и јајима, па умешајте сок од поморанџе и лимуна, павлаку и со. Сипајте у кутију (шкољку) и пеците у микроталасној на великој снази 2 минута. Оставите да одстоји 2 минута, а затим у микроталасној пећи на јакој снази још 2 минута. Оставите да одстоји 1 минут, а затим у микроталасној пећи на великој снази 1 минут. Остави да се охлади.

Огулите поморанџу и оштрим ножем уклоните сегменте са мембране. Отопите џем и премажите врх колача од сира. Умутите крему и обложите ивицу торте од сира, а затим украсите кришкама поморанџе.

Микровална пећница од сира од ананаса

Прави торту од 23 цм

100 г/4 оз/½ шоље путера или маргарина, отопљеног

175 г/6 оз/1½ шоље мрвица дигестивног кекса (грахам крекери)

250г/9оз/велика 1 шоља крем сира

2 јаја, лагано умућена

5 мл/1 тсп. рендана лимунова кора

30 мл/2 кашике лимуновог сока

75 г/3 оз/1/3 шоље шећера у праху (супер финог)

14 оз/1 велика конзерва ананаса, оцеђена и згњечена

¼ пт/2/3 шоље/150 мл дупле креме (тешке)

Помијешајте путер или маргарин и мрвице колачића и утисните на дно и странице посуде за пите од 9 инча/23 цм за микроталасну пећницу. Микровална пећница на великој снази 1 минут. Остави да се охлади.

> Умутите крем сир, јаја, лимунову корицу и сок и шећер док не постане глатка. Умешајте ананас и сипајте у подлогу. У микроталасној пећи на средњој снази 6 минута док се не стегне. Остави да се охлади.

Умутити крему у чврсту крему, а затим ставити на врх колача од сира.

Хлеб од вишње у микроталасној пећници

Прави векну од 900г/2лб

6 оз/¾ шоље/175 г путера или маргарина, омекшаног

175 г/6 оз/¾ шоље меког смеђег шећера

3 умућена јаја

225 г/8 оз/2 шоље обичног брашна (за све намене)

10 мл/2 кашичице прашка за пециво

Прстохват соли

45 мл/3 кашике млека

75 г/3 оз/1/3 шоље глазираних трешања (кандираних)

75 г/3 оз/¾ шоље сецканих мешаних орашастих плодова

1 оз/3 кашике/25 г шећера (кондиторског) шећера, просејаног

Умутите путер или маргарин и смеђи шећер док не постану лагани. Постепено умешајте јаја, па умешајте брашно, прашак за пециво и со. Умешајте довољно млека да добијете меку конзистенцију, а затим умешајте вишње и орахе. Сипајте у подмазан и обложен плех од 900 г погодан за микроталасну пећницу и поспите шећером. Микроталасна пећи на великој снази 7 минута. Оставите да одстоји 5 минута, а затим га извадите из калупа на решетку да се заврши хлађење.

чоколадна торта у микроталасној пећници

Прави торту од 7"/18 цм

8 оз/1 шоља путера или маргарина, омекшаног

175 г/6 оз/¾ шоље шећера у праху (супер финог)

150 г/5 оз/1¼ шоље брашна које се само диже (самоподижуће се)

50 г/2 оз/¼ шоље какао (незаслађена чоколада) праха

5 мл/1 кашичица прашка за пециво

3 умућена јаја

45 мл/3 кашике млека

Помешајте све састојке и сипајте у подмазан и обложен калуп за микроталасну рерну величине 7 цм/7 цм. Пеците у микроталасној на великој снази 9 минута док не постане чврста на додир. Оставите да се охлади у плеху 5 минута, а затим га одмотајте на решетку да се заврши хлађење.

Чоколадна торта од бадема у микроталасној пећници

Прави торту од 20 цм

за торту:

100 г/4 оз/½ шоље путера или маргарина, омекшаног

100 г/4 оз/½ шоље шећера у праху (супер финог)

2 јаја, лагано умућена

100 г/4 оз/1 шоља брашна које се само диже

50 г/2 оз/½ шоље какао (незаслађена чоколада) праха

50 г/2 оз/½ шоље млевених бадема

150 мл/¼ пт/2/3 шоље млека

60мл/4 тсп кашика златног сирупа (светли кукуруз)

За глазуру (глазуру):

100 г/4 оз/1 шоља обичне чоколаде (полуслатке)

25 г/1 оз/2 кашике путера или маргарина

8 целих бадема

Да бисте направили торту, умутите путер или маргарин и шећер док не постану лагани и мекани. Постепено додајте јаја, затим брашно и какао, па млевене бадеме. Додајте млеко и сируп и умутите док не постане светла и пахуљаста. Сипајте у посуду од 8 инча/20 цм погодну за микроталасну пећницу обложену прозирном фолијом (пластичном фолијом) и пеците у микроталасној на јакој снази 4 минута. Извадите из рерне, покријте фолијом и оставите да се мало охлади, а затим одмотајте на решетку да се заврши хлађење.

Да бисте направили глазуру, истопите чоколаду и путер или маргарин на високој температури 2 минута. Добро умутити.

Умочите бадеме до пола у чоколаду, па оставите да одмарају на листу пергамент папира (навосканог). Прелијте торту преосталом глазуром и намажите је по врху и са стране. Украсите бадемима и оставите да одмара.

Двоструки чоколадни колачи у микроталасној пећници

Дајте 8

1¼ шоље/5 оз/150 г обичне чоколаде (полуслатке), грубо сецкане

75 г/3 оз/1/3 шоље путера или маргарина

175 г/6 оз/¾ шоље меког смеђег шећера

2 јаја, лагано умућена

150 г/5 оз/1¼ шоље обичног брашна (за све намене)

2,5 мл/½ кашичице прашка за пециво

2,5 мл/½ кашичице есенције ваниле (екстракт)

30 мл/2 кашике млека

Растопите ½ шоље/2 оз/50 г чоколаде са путером или маргарином на високој температури 2 минута. Умутите шећер и јаја, па брашно, прашак за пециво, есенцију ваниле и млеко док не постане глатка. Сипајте у подмазан квадратни суд од 8 инча/20 цм за микроталасну пећницу и пеците у микроталасној на високој температури 7 минута. Оставите да се охлади у тигању 10 минута. Отопите преосталу чоколаду на јакој температури 1 минут, а затим премажите на врх торте и оставите да се охлади. Исеците на квадрате.

Чоколадиће са урмама за микроталасну

Дајте 8

2 оз / 1/3 шоље урми без коштица (без коштица), сецканих

60 мл/4 кашике кључале воде

2½ оз/65 г 1/3 шоље путера или маргарина, омекшаног

225 г/8 оз/1 шоља шећера у праху (супер финог)

1 јаје

100 г/4 оз/1 шоља обичног брашна (за све намене)

10 мл / 2 кашике. какао прах (незаслађена чоколада)

2,5 мл/½ кашичице прашка за пециво

Прстохват соли

25 г/1 оз/¼ шоље сецканих мешаних орашастих плодова

100 г/4 оз/1 шоља обичне (полуслатке) чоколаде, ситно исецкане

Помешајте урме са кључалом водом и оставите да одстоје док се не охладе. Путер или маргарин умутите заједно са половином шећера док не постану глатки и пахуљасти. Постепено умешајте јаје, па наизменично брашно, какао, прашак за пециво и со и мешавину урми. Сипајте у квадратну посуду за микроталасну пећницу пречника 20 цм, намазану путером и побрашњену. Преостали шећер помешати са орасима и чоколадом и посути по врху, лагано притискајући. Микровална пећница на великој снази 8 минута. Оставите да се охлади у посуди пре него што исечете на квадрате.

чоколадни квадрати у микроталасној пећници

Даје 16

за торту:

2 оз/¼ шоље/50 г путера или маргарина

5 мл/1 тсп. шећер у праху (суперфин)

75 г/3 оз/¾ шоље обичног брашна (за све намене)

1 жуманца

15 мл / 1 кашика воде

175 г/6 оз/1½ шоље обичне (полуслатке) чоколаде, рендане или ситно исецкане

За украс:

50 г /2 оз/¼ шоље путера или маргарина

50 г/2 оз/¼ шоље шећера (супер финог)

1 јаје

2,5 мл/½ кашичице есенције ваниле (екстракт)

100 г/4 оз/1 шоља ораха, сецканих

Да направите торту, омекшајте путер или маргарин и умешајте шећер, брашно, жуманца и воду. Равномерно распоредите смешу у квадратну посуду од 8 инча/20 цм за микроталасну пећницу и пеците у микроталасној на високој температури 2 минута. Поспите чоколадом и пеците у микроталасној на јакој температури 1 минут. Равномерно распоредите по подлози и оставите да се стврдне.

Да бисте направили фил, загрејте путер или маргарин у микроталасној пећници на јакој температури 30 секунди. Умешајте преостале састојке за прелив и премажите чоколаду. Микровална пећница на великој снази 5 минута. Оставите да се охлади, а затим исеците на квадрате.

Брзи колач од кафе у микроталасној пећници

Прави торту од 7"/19 цм

за торту:

8 оз/1 шоља путера или маргарина, омекшаног

225 г/8 оз/1 шоља шећера у праху (супер финог)

225 г/8 оз/2 шоље брашна које се само диже (самоподижуће се)

5 јаја

45 мл/3 кашике есенције кафе (екстракт)

За глазуру (глазуру):

30 мл/2 кашике есенције кафе (екстракт)

175 г/6 оз/¾ шоље путера или маргарина

Шећер у праху (кондиторски), просејан

Половине ораха за украшавање

Комбинујте све састојке за торту док се добро не сједине. Поделите две посуде за торте од 7 цм/19 цм у микроталасној пећници и пеците сваки на високој температури 5-6 минута. Извадите из микроталасне и оставите да се охлади.

Помешајте састојке за глазуру, засладите по укусу шећером у праху. Када се охладе, колаче прелијте у сендвич половином глазура, а остатком премажите по врху. Украсите половинама ораха.

Божићна торта у микроталасној пећници

Прави торту од 23 цм

2/3 шоље/5 оз/150 г путера или маргарина, омекшаног

2/3 шоље/5 оз/150 г меког смеђег шећера

3 јаја

30 мл/2 кашике меласе (меласе)

225 г/8 оз/2 шоље брашна које се само диже (самоподижуће се)

10 мл / 2 кашике. млевени зачини (пита од јабука)

2. 5мл/½ кашичице. рендани мушкатни орашчић

2,5 мл/½ кашичице соде бикарбоне (соде бикарбоне)

450 г/1 лб/22/3 шоље мешаног сушеног воћа (мешавина за колаче)

50 г/2 оз/¼ шоље глазираних трешања (кандираних)

2 оз/50 г/1/3 шоље сецкане мешане коре

50 г/2 оз/½ шоље сецканих мешаних орашастих плодова

30 мл / 2 кашике коњака

Додатна ракија за сазревање колача (опционо)

Умутите путер или маргарин и шећер док не постану глатки и глатки. Постепено умутите јаја и меласу, а затим умешајте брашно, зачине и соду бикарбону. Лагано умешајте воће, корицу и орахе, а затим умешајте коњак. Сипајте у посуду за микроталасну пећницу од 9 цм/23 цм и пеците у микроталасној на малој снази 45 до 60 минута. Оставите да се хлади 15 минута у посуди пре него што га скинете са калупа на решетку да се заврши хлађење.

Када се колач охлади, умотајте га у фолију и оставите на хладном и тамном месту 2 недеље. По жељи, танким ражњићем неколико пута пробушите врх торте и попрскајте са још мало ракије, па поново умотајте и чувајте торту. То можете учинити више пута да бисте направили богатију торту.

Торта од мрвица у микроталасној пећници

Прави торту од 20 цм

10 оз/300 г/1¼ шоље шећера у праху (супер финог)

225 г/8 оз/2 шоље обичног брашна (за све намене)

10 мл/2 кашичице прашка за пециво

5 мл/1 тсп. млевени цимет

100 г/4 оз/½ шоље путера или маргарина, омекшаног

2 јаја, лагано умућена

3½ фл оз/6½ кашичице/100 мл млеком

Помешајте шећер, брашно, прашак за пециво и цимет. Размутите путер или маргарин, а затим резервишите четвртину смесе. Помешајте јаја и млеко и умутите већи део смесе за торте. Сипајте смесу у подмазан и брашном посут суд за микроталасну рерну величине 8/20 цм и поспите резервисаним мешавином за мрвице. Микроталасна пећи на великој снази 10 минута. Оставите да се охлади у посуди.

микроталасне датумске траке

Дајте 12

150 г/5 оз/1¼ шоље брашна које се само диже (самоподижуће се)

175 г/6 оз/¾ шоље шећера у праху (супер финог)

100 г/4 оз/1 шоља осушеног кокоса (ренданог)

2/3 шоље/100 г урми без коштица, сецканих

50 г/2 оз/½ шоље сецканих мешаних орашастих плодова

100 г/4 оз/½ шоље путера или маргарина, отопљеног

1 јаје, лагано умућено

Шећер у праху (за кондиторске производе) за посипање

Помешајте суве састојке заједно. Додајте путер или маргарин и јаје и мешајте да се добије чврста маса. Притисните на дно квадратне посуде од 8 инча/20 цм безбедне за микроталасну пећницу и пеците у микроталасној на средњој снази 8 минута, док се не стегне. Оставите да одстоји 10 минута у посуди, а затим исеците на шипке и одмотајте на решетку да се заврши хлађење.

Хлеб од смокава у микроталасној

Прави векну од 1½ лб/675 г

100 г/4 оз/2 шоље мекиња

50 г/2 оз/¼ шоље меког смеђег шећера

45 мл/3 кашике бистрог меда

2/3 шоље/100 г сувих смокава, исецканих

50 г/2 оз/½ шоље лешника, сецканих

300 мл/½ пт/1¼ шоље млека

100 г/4 оз/1 шоља интегралног брашна (пуна пшеница)

10 мл/2 кашичице прашка за пециво

Прстохват соли

Помешајте све састојке у чврсту пасту. Обликујте калуп за торту у микроталасној пећници и поравнајте површину. Микроталасна на високој температури 7 минута. Оставите да се хлади у плеху 10 минута, а затим га извадите из калупа на решетку да се заврши хлађење.

Воћни колач у микроталасној пећници

Прави торту од 7"/18 цм

6 оз/¾ шоље/175 г путера или маргарина, омекшаног

175 г/6 оз/¾ шоље шећера у праху (супер финог)

Рендана кора од 1 лимуна

3 умућена јаја

225 г/8 оз/2 шоље обичног брашна (за све намене)

5 мл/1 тсп. млевени зачини (пита од јабука)

8 оз/11/3 шоље сувог грожђа

225 г/8 оз/11/3 шоље сувог грожђа (златно суво грожђе)

50 г/2 оз/¼ шоље глазираних трешања (кандираних)

50 г/2 оз/½ шоље сецканих мешаних орашастих плодова

15 мл / 1 кашичица кашика златног сирупа (светли кукуруз)

45 мл / 3 кашике. коњак

Умутите путер или маргарин и шећер заједно док не постану лагани и мекани. Умешајте лимунову корицу, а затим постепено додајте јаја. Умешајте брашно и мешане зачине, па умешајте преостале састојке. Сипајте у намашћену и обложену округлу посуду за микроталасну пећницу од 7 цм/18 цм и пеците у микроталасној на малој снази 35 минута док чачкалица уметнута у средину не изађе чиста. Оставите да се хлади у плеху 10 минута, а затим га извадите из калупа на решетку да се заврши хлађење.

Кокосово воће у микроталасној пећници

Дајте 8

2 оз/¼ шоље/50 г путера или маргарина

9 дигестивних кекса (грахам крекера), згњечених

50 г/2 оз/½ шоље исушеног кокоса (рендаНог)

2/3 шоље/100 г мешане (кандиране) коре, исецкане

2 оз / 1/3 шоље урми без коштица (без коштица), сецканих

15 мл / 1 кашичица кашика обичног брашна (за све намене)

25 г/1 оз/2 кашике. кашике глазираних трешања (кандираних), сецканих

100 г/4 оз/1 шоља ораха, сецканих

150 мл/¼ пт/2/3 шоље кондензованог млека

Отопите путер или маргарин у квадратној микроталасној пећници од 8 инча/20 цм на високој температури 40 секунди. Умешајте мрвице колачића и равномерно распоредите по дну посуде. Поспите кокосом, па измешаном кором. Урме помешати са брашном, вишњама и орасима и посути одозго, па прелити млеком. Микровална пећница на великој снази 8 минута. Оставите да се охлади у суду, па исеците на квадрате.

Слатки колач у микроталасној пећници

Прави торту од 20 цм

150 г/5 оз/1¼ шоље обичног брашна (за све намене)

5 мл/1 кашичица прашка за пециво

Прстохват соде бикарбоне (соде бикарбоне)

Прстохват соли

10 оз/300 г/1¼ шоље шећера у праху (супер финог)

2 оз/¼ шоље/50 г путера или маргарина, омекшаног

250 мл/1 шоља млека

Неколико капи есенције ваниле (екстракт)

1 јаје

100 г/4 оз/1 шоља обичне (полуслатке) чоколаде, сецкане

50 г /2 оз/½ шоље сецканих мешаних орашастих плодова

Чоколадна глазура

Помешајте брашно, прашак за пециво, соду бикарбону и со. Умутите шећер, па умешајте путер или маргарин, млеко и есенцију ваниле док не постане глатка. Умутите јаје. Загрејте три четвртине чоколаде на високој температури 2 минута док се не истопи, а затим умешајте у мешавину за торте док не постане кремаста. Умешајте орахе. Поделити смесу у две подмазане и побрашњене посуде за микроталасну пећницу величине 8/20 цм и пећи у микроталасној сваки по 8 минута. Извадите из рерне, покријте алуминијумском фолијом и оставите да се хлади 10 минута, а затим одмотајте на решетку да се заврши хлађење. Сендвич са половином глазуре од путер креме (глазуре), па по врху премажите преосталом глазуром и украсите резервисаном чоколадом.

Медењак у микроталасној пећници

Прави торту од 20 цм

2 оз/¼ шоље/50 г путера или маргарина

75 г/3 оз/¼ шоље меласе (меласе)

15 мл/1 кашика шећера (супер финог)

100 г/4 оз/1 шоља обичног брашна (за све намене)

5 мл/1 тсп. млевени ђумбир

2,5 мл/½ кашичице. млевени зачини (пита од јабука)

2,5 мл/½ кашичице соде бикарбоне (соде бикарбоне)

1 размућено јаје

Ставите путер или маргарин у посуду и загрејте у микроталасној пећници 30 секунди. Умешајте меласу и шећер и пеците у микроталасној на јакој температури 1 минут. Умешајте брашно, зачине и соду бикарбону. Умутите јаје. Сипајте смешу у подмазану посуду од 1,5 литара/2½ литре/6 шољица и пеците у микроталасној на јакој температури 4 минута. Оставите да се охлади у плеху 5 минута, а затим га одмотајте на решетку да се заврши хлађење.

микроталасне плочице ђумбира

Дајте 12

за торту:

2/3 шоље/5 оз/150 г путера или маргарина, омекшаног

50 г/2 оз/¼ шоље шећера (супер финог)

100 г/4 оз/1 шоља обичног брашна (за све намене)

2,5 мл/½ кашичице прашка за пециво

5 мл/1 тсп. млевени ђумбир

За украс:

15 г/½ оз/1 тбсп. кашика путера или маргарина

15 мл / 1 кашичица кашика златног сирупа (светли кукуруз)

Неколико капи есенције ваниле (екстракт)

5 мл/1 тсп. млевени ђумбир

50г/2оз/1/3 шоље шећера у праху

Да бисте направили торту, умутите путер или маргарин и шећер док не постану лагани и мекани. Додајте брашно, прашак за пециво и ђумбир и мешајте да добијете глатку пасту. Притисните у квадратну посуду од 8 инча/20 цм за микроталасну пећницу и пеците у микроталасној на средњој снази 6 минута, док се не стегне.

Да направите фил, растопите путер или маргарин и сируп. Додајте есенцију ваниле, ђумбир и шећер у праху и умутите док не постане густа. Равномерно распоредите преко врућег колача. Оставите да се охлади у посуди, па исеците на шипке или квадрате.

Златна торта у микроталасној пећници

Прави торту од 20 цм

за торту:

100 г/4 оз/½ шоље путера или маргарина, омекшаног

100 г/4 оз/½ шоље шећера у праху (супер финог)

2 јаја, лагано умућена

Неколико капи есенције ваниле (екстракт)

225 г/8 оз/2 шоље обичног брашна (за све намене)

10 мл/2 кашичице прашка за пециво

Прстохват соли

60 мл/4 кашике млека

За глазуру (глазуру):

2 оз/¼ шоље/50 г путера или маргарина, омекшаног

100 г/4 оз/2/3 шоље шећера (бомбона).

Неколико капи есенције ваниле (екстракт) (опционо)

Да бисте направили торту, умутите путер или маргарин и шећер док не постану лагани и мекани. Постепено умешајте јаја, па умешајте брашно, прашак за пециво и со. Умешајте довољно млека да постигнете меку конзистенцију која пада. Поделите две подмазане и побрашњене посуде 8/20 цм погодне за микроталасну пећницу и пеците сваки колач посебно на високој температури 6 минута. Извадите из рерне, покријте алуминијумском фолијом и оставите да се хлади 5 минута, а затим окрените на решетку да се заврши хлађење.

Да направите глазуру, умутите путер или маргарин док не омекша, па додајте шећер у праху и есенцију ваниле по жељи. У сендвич колаче прелијте половином глазура, а затим премажите остатком.

Колач од меда и лешника у микроталасној

Прави торту од 7"/18 цм

2/3 шоље/5 оз/150 г путера или маргарина, омекшаног

100 г/4 оз/½ шоље меког смеђег шећера

45 мл/3 кашике бистрог меда

3 умућена јаја

225 г/8 оз/2 шоље брашна које се само диже (самоподижуће се)

100 г/4 оз/1 шоља млевених лешника

45 мл/3 кашике млека

глазура од путера

Путер или маргарин, шећер и мед умутите у крему док не постану пјенасти. Постепено умутите јаја, затим умешајте брашно и лешнике и довољно млека да добијете мекану конзистенцију. Сипајте у посуду за микроталасну пећницу од 7 цм/18 цм и кувајте на средњој ватри 7 минута. Оставите да се охлади у плеху 5 минута, а затим га одмотајте на решетку да се заврши хлађење. Преполовите торту хоризонтално, затим сендвич са глазуром од путера (глазуром).

Жвакаће шипке са муслијем у микроталасној

Чини око 10

100 г/4 оз/½ шоље путера или маргарина

175 г/6 оз/½ шоље бистрог меда

2 оз / 1/3 шоље готових сувих кајсија, сецканих

2 оз / 1/3 шоље урми без коштица (без коштица), сецканих

75 г/3 оз/¾ шоље сецканих мешаних орашастих плодова

100г/4оз/1 шоља ваљане зоби

100 г/4 оз/½ шоље меког смеђег шећера

1 размућено јаје

25 г / 1 оз / 2 кашичице брашна које се само диже (самоустајуће)

Ставите путер или маргарин и мед у чинију и кувајте на високој температури 2 минута. Помешајте све преостале састојке. Сипајте у плех за микроталасну пећницу од 8 инча/20 цм и пеците у микроталасној на јакој снази 8 минута. Мало охладите, а затим исеците на квадрате или кришке.

колач од орашастих плодова у микроталасној пећници

Прави торту од 20 цм

150 г/5 оз/1¼ шоље обичног брашна (за све намене)

Прстохват соли

5 мл/1 тсп. млевени цимет

75 г/3 оз/1/3 шоље меког смеђег шећера

75 г/3 оз/1/3 шоље шећера у праху (супер финог)

75 мл/5 кашика уља

1 оз/¼ шоље ораха, сецканих

5 мл/1 кашичица прашка за пециво

2,5 мл/½ кашичице соде бикарбоне (соде бикарбоне)

1 јаје

150 мл/¼ пт/2/3 шоље скуте

Помешајте брашно, со и пола цимета. Умешајте шећер, а затим умешајте уље док се добро не сједини. Извадите 6 кашика/90 мл мешавине и помешајте са преосталим орасима и циметом. У масу смесе додајте прашак за пециво, соду бикарбону, јаје и млеко и умутите док не постане глатка. Сипајте главну смесу у подмазан и брашном посут суд за микроталасну пећницу величине 8/20 цм и по врху поспите смесу од орашастих плодова. Микровална пећница на великој снази 8 минута. Оставите да се охлади у посуди 10 минута и послужите топло.

Колач са соком од поморанџе у микроталасној пећници

Прави торту од 20 цм

2¼ шоље/9 оз/250 г обичног брашна (за све намене)

225г/8оз/1 шоља гранулираног шећера

15 мл/1 кашика прашка за пециво

2,5 мл/½ кашичице соли

60 мл/4 кашике уља

250 мл/2 шоље сока од поморанџе

2 јаја, одвојена

100 г/4 оз/½ шоље шећера у праху (супер финог)

Глазура од путера од поморанџе

Наранџаста глазура

Помијешајте брашно, гранулирани шећер, прашак за пециво, со, уље и пола сока од поморанџе и умутите док се добро не сједини. Умутите жуманца и преостали сок од поморанџе док не постану светли и не омекшају. Умутите беланца у чврст снег, па додајте половину шећера у праху и умутите док не постане густ и сјајан снег. Умутите преостали шећер, па умешајте беланца у смесу за торте. Поделити у две подмазане и побрашњене посуде 8/20 цм погодне за микроталасну пећницу и пећи у микроталасној сваки посебно на високој температури 6-8 минута. Извадите из рерне, покријте алуминијумском фолијом и оставите да се хлади 5 минута, а затим окрените на решетку да се заврши хлађење.

Павлова у микроталасној

Прави торту од 23 цм

4 беланца

225 г/8 оз/1 шоља шећера у праху (супер финог)

2,5 мл/½ кашичице есенције ваниле (екстракт)

Неколико капи винског сирћета

¼ пт/2/3 шоље/150 мл павлаке за шлаг

1 киви, нарезан

100 г јагода, исечених на коцкице

Умутити беланца док не створе мекане врхове. Поспите половином шећера и добро умутите. Постепено додајте преостали шећер, есенцију ваниле и сирће и умутите док се не раствори. Смесу распоредите у круг пречника 23 цм/9 на листу пергамент папира. Микроталасна пећи на великој снази 2 минута. Оставите да стоји у микроталасној са отвореним вратима 10 минута. Извадите из рерне, откините подлогу и оставите да се охлади. Умутите крему у чврсту крему и намажите је на безе. По врху лепо распоредите воће.

колачић у микроталасној пећници

Прави торту од 20 цм

225 г/8 оз/2 шоље обичног брашна (за све намене)

15 мл/1 кашика прашка за пециво

50 г/2 оз/¼ шоље шећера (супер финог)

100 г/4 оз/½ шоље путера или маргарина

75 мл / 5 кашика. кашика креме (светла)

1 јаје

Помијешајте брашно, прашак за пециво и шећер, па умијешајте путер или маргарин док смјеса не буде попут презла. Помешајте крему и јаје, па умешајте у мешавину брашна док не добијете меко тесто. Притисните у подмазану посуду за микроталасну пећницу од 8 инча/20 цм и пеците у микроталасној на високој температури 6 минута. Оставите да одстоји 4 минута, уклоните калуп и завршите хлађење на решетки.

Слатки колач са јагодама у микроталасној пећници

Прави торту од 20 цм

900 г/2 лб јагода, дебело исечених

225 г/8 оз/1 шоља шећера у праху (супер финог)

225 г/8 оз/2 шоље обичног брашна (за све намене)

15 мл/1 кашика прашка за пециво

175 г/6 оз/¾ шоље путера или маргарина

75 мл / 5 кашика. кашика креме (светла)

1 јаје

¼ пт/2/3 шоље/150 мл дупле (тешке) креме, умућене

Поспите јагоде са ¾ шоље/6 оз/175 г шећера, а затим оставите у фрижидеру најмање 1 сат.

Помијешајте брашно, прашак за пециво и преостали шећер, а затим умијешајте ½ шоље/4 оз/100 г путера или маргарина док смјеса не буде налик на презле. Помешајте једну крему и јаје, па умешајте у мешавину брашна док се не формира мекано тесто. Притисните у подмазану посуду за микроталасну пећницу од 8 инча/20 цм и пеците у микроталасној на високој температури 6 минута. Оставите да одстоји 4 минута, а затим одмотајте и поделите у средину док је још топло. Остави да се охлади.

Обе исечене површине премажите преосталим путером или маргарином. На дно премажите једну трећину шлага, па прекријте са три четвртине јагода. Прелијте другом трећином креме, а затим ставите други колач на врх. Украсите преосталом кремом и јагодама.

Бисквит у микроталасној пећници

Прави торту од 7"/18 цм

150 г/5 оз/1¼ шоље брашна које се само диже (самоподижуће се)

100 г/4 оз/½ шоље путера или маргарина

100 г/4 оз/½ шоље шећера у праху (супер финог)

2 јаја

30 мл/2 кашике млека

Умутите све састојке док не постане глатка. Сипајте у посуду од 7 цм/18 цм обложену микроталасном пећницом и пеците у микроталасној на средњој снази 6 минута. Оставите да се охлади у плеху 5 минута, а затим га одмотајте на решетку да се заврши хлађење.

Султана шипке у микроталасној

Дајте 12

175 г/6 оз/¾ шоље путера или маргарина

100 г/4 оз/½ шоље шећера у праху (супер финог)

15 мл / 1 кашичица кашика златног сирупа (светли кукуруз)

75 г/3 оз/½ шоље сувог грожђа (златно суво грожђе)

5 мл/1 тсп. рендана лимунова кора

225 г/8 оз/2 шоље брашна које се само диже (самоподижуће се)

За глазуру (глазуру):

175г/6оз/1 шоља шећера у праху

30 мл/2 кашике лимуновог сока

У микроталасној пећи путер или маргарин, шећер у праху и сируп на средњој снази 2 минута. Умешајте суво грожђе и лимунову корицу. Умешајте брашно. Сипајте у подмазану и обложену четвртасту посуду од 20 цм/8 инча за микроталасну пећницу и пеците у микроталасној на средњој снази 8 минута, док се не стегне. Пустите да се мало охлади.

Ставите шећер у праху у чинију и направите удубљење у средини. Постепено додајте лимунов сок да добијете глатку глазуру. Прелити преко још топле торте, па оставити да се потпуно охлади.

Чоколадни колачићи у микроталасној пећници

Дајте 24

8 оз/1 шоља путера или маргарина, омекшаног

100 г/4 оз/½ шоље тамно браон шећера

5мл/1 кашичица есенције ваниле (екстракт)

225 г/8 оз/2 шоље брашна које се само диже (самоподижуће се)

50 г/2 оз/½ шоље чоколаде у праху

Умутите путер, шећер и есенцију ваниле док не постану глатки. Постепено додајте брашно и чоколаду и мешајте док не постане глатко. Обликујте куглице величине ораха, ставите шест по шест на подмазан плех за печење у микроталасној пећници (колачић) и лагано поравнајте виљушком. Загревајте сваку серију на високој температури 2 минута, док се сви колачићи не скувају. Оставите да се охлади на решетки.

Кокосови колачићи у микроталасној пећници

Дајте 24

2 оз/¼ шоље/50 г путера или маргарина, омекшаног

75 г/3 оз/1/3 шоље шећера у праху (супер финог)

1 јаје, лагано умућено

2,5 мл/½ кашичице есенције ваниле (екстракт)

75 г/3 оз/¾ шоље обичног брашна (за све намене)

25 г/1 оз/¼ шоље исушеног кокоса (ренданог)

Прстохват соли

30 мл / 2 кашике. кашике џема од јагода (чувати)

Умутите путер или маргарин и шећер док не постану глатки. Додајте јаје и есенцију ваниле наизменично са брашном, кокосом и сољу и мешајте док не постане глатко. Формирајте куглице величине ораха и поређајте по шест на подмазан плех за печење у микроталасној пећници, а затим лагано притисните виљушком да се мало спљошти. У микроталасној пећници на великој снази 3 минута док се не стегне. Пребаците на решетку и ставите кашику џема у средину сваког колачића. Поновите са преосталим колачићима.

Фирентинци у микроталасној

Дајте 12

2 оз/¼ шоље/50 г путера или маргарина

50 г/2 оз/¼ шоље демерара шећера

15 мл / 1 кашичица кашика златног сирупа (светли кукуруз)

50 г/2 оз/¼ шоље глазираних трешања (кандираних)

75 г/3 оз/¾ шоље ораха, сецканих

25 г/1 оз/3 кашике. кашике сувог грожђа (златно суво грожђе)

1 оз / ¼ шоље исецканих бадема (сецканих)

30 мл / 2 кашике. кашике исецкане мешане (кандиране) коре

25 г/1 оз/¼ шоље обичног брашна (за све намене)

100 г/4 оз/1 шоља обичне (полуслатке) чоколаде, сецкане (опционо)

Загрејте путер или маргарин, шећер и сируп на јакој температури 1 минут док се не истопи. Умешајте вишње, орахе, суво грожђе и бадеме, па умешајте комбиновану корицу и брашно. Ставите кашичице мешавине, добро размакнуте, на пергамент (воштани) папир и кувајте четири по четири на великој снази 1,5 минута у свакој серији. Очистите ивице ножем, оставите да се охладе на папиру 3 минута, а затим пребаците на решетку да се заврши хлађење. Поновите са преосталим колачићима. По жељи истопите чоколаду у чинији 30 секунди и распоредите је преко једне стране флорентина, а затим оставите са стране.

Колачићи од лешника и трешања у микроталасној пећници

Дајте 24

100 г/4 оз/½ шоље путера или маргарина, омекшаног

100 г/4 оз/½ шоље шећера у праху (супер финог)

1 размућено јаје

175 г/6 оз/1½ шоље обичног брашна (за све намене)

50 г/2 оз/½ шоље млевених лешника

100 г/4 оз/½ шоље глазираних трешања (кандираних)

Умутите путер или маргарин и шећер док не постану глатки и глатки. Постепено додајте јаје, па додајте брашно, лешнике и вишње. Ставите добро распоређене кашике на лим за печење у микроталасној пећници (колачиће) и пеците у микроталасној пећници осам колачића (колачића) одједном на великој снази око 2 минута док се не стегне.

Султана колачићи у микроталасној

Дајте 24

225 г/8 оз/2 шоље обичног брашна (за све намене)

5 мл/1 тсп. млевени зачини (пита од јабука)

6 оз/¾ шоље/175 г путера или маргарина, омекшаног

100 г/4 оз/2/3 шоље сувог грожђа (златно суво грожђе)

175 г/6 оз/¾ шоље демерара шећера

Помијешајте брашно и помијешане зачине, затим умијешајте путер или маргарин, суво грожђе и 100 г/4 оз/½ шоље шећера да направите мекано тесто. Формирати две кобасице дужине око 18 цм/7 и уваљати у преостали шећер. Исеците на кришке и поређајте шест по шест на подмазан плех за печење (колачић) и пеците у микроталасној на високој температури 2 минута. Оставите да се охлади на решетки и поновите са преосталим кексима (кексићима).

Банана хлеб у микроталасној

Прави векну од 450 г/1 лб

75 г/3 оз/1/3 шоље путера или маргарина, омекшаног

175 г/6 оз/¾ шоље шећера у праху (супер финог)

2 јаја, лагано умућена

200 г/7 оз/1¾ шоље обичног брашна (за све намене)

10 мл/2 кашичице прашка за пециво

2,5 мл/½ кашичице соде бикарбоне (соде бикарбоне)

Прстохват соли

2 зреле банане

15 мл / 1 кашика лимуновог сока

60 мл/4 кашике млека

50 г/2 оз/½ шоље ораха, сецканих

Умутите путер или маргарин и шећер док не постану глатки и глатки. Постепено умутите јаја, па умешајте брашно, прашак за пециво, соду бикарбону и со. Згњечите банане са лимуновим соком, па их умешајте у смесу са млеком и орасима. Сипајте у подмазан и брашном посут плех од 450г/1лб за микроталасну пећницу (лим) и пеците у микроталасној на јакој температури 12 минута. Извадите из рерне, покријте алуминијумском фолијом и оставите да се хлади 10 минута, а затим одмотајте на решетку да се заврши хлађење.

Хлеб са сиром у микроталасној пећници

Прави векну од 450 г/1 лб

2 оз/¼ шоље/50 г путера или маргарина

250 мл/1 шоља млека

2 јаја, лагано умућена

225 г/8 оз/2 шоље обичног брашна (за све намене)

10 мл/2 кашичице прашка за пециво

10 мл/2 кашичице сенфа у праху

2,5 мл/½ кашичице соли

175 г/6 оз/1½ шоље чедар сира, нарендaног

Отопите путер или маргарин у малој посуди на високој температури 1 минут. Умешајте млеко и јаја. Помешајте брашно, прашак за пециво, сенф, со и 100 г/4 оз/1 шоља сира. Мешајте млечну мешавину док се добро не сједини. Сипати у микроталасну тепсију (калупу) и пећи у микроталасној на јакој температури 9 минута. Поспите преосталим сиром, прекријте фолијом и оставите да одстоји 20 минута.

микроталасни хлеб од ораха

Прави векну од 450 г/1 лб

225 г/8 оз/2 шоље обичног брашна (за све намене)

10 оз/300 г/1¼ шоље шећера у праху (супер финог)

5 мл/1 кашичица прашка за пециво

Прстохват соли

100 г/4 оз/½ шоље путера или маргарина, омекшаног

150 мл/¼ пт/2/3 шоље млека

2,5 мл/½ кашичице есенције ваниле (екстракт)

4 беланца

50 г/2 оз/½ шоље ораха, сецканих

Помешајте брашно, шећер, прашак за пециво и со. Додајте путер или маргарин, затим млеко и есенцију ваниле. Умутити беланца док не постану кремасти, па умешати орахе. Сипајте у подмазан и брашном посут плех од 450г/1лб за микроталасну пећницу (лим) и пеците у микроталасној на јакој температури 12 минута. Извадите из рерне, покријте алуминијумском фолијом и оставите да се хлади 10 минута, а затим одмотајте на решетку да се заврши хлађење.

Амаретти торта без печења

Прави торту од 20 цм

100 г/4 оз/½ шоље путера или маргарина

175 г/6 оз/1½ шоље обичне чоколаде (полуслатке)

75 г/3 оз Амаретти кекса (кекса), грубо измрвљених

175 г/6 оз/1½ шоље ораха, сецканих

50 г/2 оз/½ шоље пињола

75 г/3 оз/1/3 шоље глазираних трешања (кандираних), исецканих

30 мл / 2 кашике. Гранд Марниер

225 г/8 оз/1 шоља масцарпоне сира

Отопите путер или маргарин и чоколаду у посуди која је отпорна на топлоту постављену изнад шерпе воде која се кључа. Склоните са ватре и умешајте колачиће, орахе и вишње. Сипајте у калуп за сендвиче (калуп) прекривен прозирном фолијом (пластичном фолијом) и лагано притисните. Оставите у фрижидеру 1 сат док се не стегне. Пребаците на тањир за сервирање и уклоните прозирну фолију. Умутити Гранд Марниер у Масцарпоне и прелити преко базе.

Амерички хрскави пиринчани штангли

Чини око 24 бара

2 оз/¼ шоље/50 г путера или маргарина

225 г/8 оз белог слеза

5мл/1 кашичица есенције ваниле (екстракт)

5 оз/150 г напуханих пиринчаних житарица

Отопите путер или маргарин у великом тигању на лаганој ватри. Додајте марсхмалловс и кувајте уз стално мешање док се бели слез не истопи и смеса постане сирупаста. Склоните са ватре и додајте есенцију ваниле. Мешајте пиринчане житарице док не буду равномерно обложене. Утисните у квадратну тепсију од 9 инча/23 цм (калуп) и исеците на шипке. Нека узме.

Квадрат од кајсије

Дајте 12

2 оз/¼ шоље/50 г путера или маргарина

175 г/6 оз/1 мала конзерва испареног млека

15 мл / 1 кашика бистрог меда

45 мл/3 кашике сока од јабуке

50 г/2 оз/¼ шоље меког смеђег шећера

50г/2оз/1/3 шоље сувог грожђа (златно суво грожђе)

8 оз / 11/3 шоље готових сувих кајсија, сецканих

100 г/4 оз/1 шоља осушеног кокоса (ренданог)

225 г / 8 оз / 2 шоље ваљане зоби

Отопите путер или маргарин са млеком, медом, соком од јабуке и шећером. Укључите остале састојке. Утисните у маслацем намазан калуп од 25 цм/12 и охладите пре него што га исечете на квадрате.

Колач од кајсија

Прави торту од 23 цм

14 оз/400 г велике конзерве половина кајсије, оцеђених и оцеђених сока

50 г/2 оз/½ шоље креме у праху

75 г/3 оз/¼ шоље желеа од кајсије (провидно конзервирање)

75 г/3 оз/½ шоље сувих кајсија готових за јело, сецканих

400г/14оз/1 велика конзерва кондензованог млека

225г/8оз/1 шоља свјежег сира

45 мл/3 кашике лимуновог сока

1 швајцарска ролница, нарезана

Припремите сок од кајсије са водом да направите 500 мл/17 фл оз/2¼ шоље. Умутити прашак за крему у пасту са мало течности, па остатак ставити да проври. Умешајте крему за пециво и желе од кајсије и динстајте док не постане густа и сјајна уз стално мешање. Изгњечите кајсије из конзерве и додајте их у мешавину са сувим кајсијама. Оставите да се охлади, повремено мешајући.

Умутите кондензовано млеко, свјежи сир и лимунов сок док се добро не сједине, а затим умешајте у желе. Калуп за торте (лим) од 23 цм обложите растезљивом фолијом (пластичном фолијом) и поређајте кришке швајцарског (желе) ролата на дно и странице калупа. Сипајте у мешавину за торте и ставите у фрижидер док се не стегне. Пажљиво одмотајте приликом сервирања.

Брокен Цоокие Цакес

Дајте 12

100 г/4 оз/½ шоље путера или маргарина

30 мл/2 кашике шећера (супер финог)

15 мл / 1 кашичица кашика златног сирупа (светли кукуруз)

30 мл/2 кашике какао (незаслађена чоколада) праха

225 г/8 оз/2 шоље изломљених мрвица колачића (кекса)

50г/2оз/1/3 шоље сувог грожђа (златно суво грожђе)

Растопите путер или маргарин са шећером и сирупом без кључања смесе. Умешајте какао, колачиће и суво грожђе. Утисните у маслацем намазан плех од 10/25 цм, оставите да се охлади, а затим ставите у фрижидер док се не стегне. Исеците на квадрате.

Колач од млаћенице без печења

Прави торту од 23 цм

30 мл/2 кашике креме за пециво

100 г/4 оз/½ шоље шећера у праху (супер финог)

450 мл/¾ пт/2 шоље млека

6 фл оз/¾ шоље млаћенице/175 мл

25 г/1 оз/2 кашике путера или маргарина

400 г/12 оз обичног кекса (кекса), згњеченог

120 мл/½ шоље павлаке за шлаг

Крему за пециво и шећер помешати у пасту са мало млека. Остатак млека ставити да проври. Умешајте у смесу, па вратите све у тигањ и мешајте на лаганој ватри око 5 минута док се не згусне. Умешајте млаћеницу и путер или маргарин. У калуп за торте пречника 23 цм (калуп) прекривен прозирном фолијом (пластичном фолијом) или у стаклену посуду распоредите слојеве здробљеног кекса и креме за тесто. Лагано притисните и ставите у фрижидер док се не стегне. Умутите крему у чврсту крему, па на врх торте нанесите розете креме. Или послужите у посуди или пажљиво извадите да бисте послужили.

Слице кестена

Прави векну од 900г/2лб

225 г/2 шоље обичне чоколаде (полуслатке)

100 г/4 оз/½ шоље путера или маргарина, омекшаног

100 г/4 оз/½ шоље шећера у праху (супер финог)

450 г/1 лб/1 велика конзерва незаслађеног кестен пиреа

25 г/1 оз/¼ шоље пиринчаног брашна

Неколико капи есенције ваниле (екстракт)

2/3 шоље/¼ пт/150 мл павлаке за шлаг, умућена

Рендана чоколада за украс

Отопите црну чоколаду у посуди отпорној на топлоту изнад лонца воде која се кључа. Умутите путер или маргарин и шећер док не постану глатки и глатки. Укључите кестен пире, чоколаду, пиринчано брашно и есенцију ваниле. Сипајте у подмазан и обложен плех од 900 г/2 лб (лим) и ставите у фрижидер док се не стегне. Пре сервирања украсите шлагом и ренданом чоколадом.

Кестен бисквит

Прави торту од 900 г/2 лб

за торту:

400 г/14 оз/1 велика конзерва заслађеног кестен пиреа

100 г/4 оз/½ шоље путера или маргарина, омекшаног

1 јаје

Неколико капи есенције ваниле (екстракт)

30 мл / 2 кашике коњака

24 пецива (колачићи)

За глазуру:

30 мл/2 кашике какао (незаслађена чоколада) праха

15 мл/1 кашика шећера (супер финог)

30 мл / 2 кашике воде

За путер крем:

100 г/4 оз/½ шоље путера или маргарина, омекшаног

2/3 шоље/4 оз/100 г шећера (кондиторског) шећера, просејаног

15 мл/1 кашика есенције кафе (екстракт)

Да направите торту, помешајте кестен пире, путер или маргарин, јаје, есенцију ваниле и 15 мл/1 кашика. коњак и тукли док не постане глатко. Маслац и обложите калуп за векне од 900 г/2 лб и обложите дно и странице сунђерастим прстима. Преосталом ракијом попрскајте колаче и сипајте смесу од кестена у центар. Оставите у фрижидеру док се не стегне.

Извадите калуп и уклоните папир за подлогу. Растворите састојке за глазуру у посуди која је отпорна на топлоту постављену изнад лонца са кључањем воде, мешајући док не постане глатка. Мало охладите, а затим премажите већи део глазура преко врха торте. Умутите састојке за путер крему док не постану глатки, а затим их окрените око ивице торте. За крај прелијте резервисаним глазуром.

Чоколадне и бадемове плочице

Дајте 12

175 г/6 оз/1½ шоље обичне (полуслатке) чоколаде, сецкане

3 јаја, одвојена

120 мл/½ шоље млека

10 мл / 2 кашичице желатина у праху

120 мл/4 фл оз/½ шоље дупле креме (густе)

45 мл / 3 кашике. кашика шећера у праху (супер финог)

60мл/4 тсп кашике исецканих бадема (сецканих), тостираних

Отопите чоколаду у посуди отпорној на топлоту постављену изнад шерпе воде која се кључа. Склонити са рингле и умешати жуманца. У посебном лонцу прокувајте млеко, а затим умутите желатин. Умешајте у чоколадну смесу, па умешајте крему. Умутите беланца у чврст снег, па додајте шећер и поново умутите у чврст снег. Умешати у смешу. Сипајте у подмазан и обложен плех од 450г/1лб, поспите прженим бадемима и оставите да се охлади, а затим оставите у фрижидеру најмање 3 сата док се не стегне. Преокрените и исеците на дебеле кришке за сервирање

Чоколадна хрскава торта

Прави векну од 450 г/1 лб

2/3 шоље/5 оз/150 г путера или маргарина

30 мл / 2 кашике. кашика златног сирупа (светли кукуруз)

175 г/6 оз/1½ шоље мрвица дигестивног кекса (грахам крекери)

2 оз/50 г напухане пиринчане житарице

25 г/1 оз/3 кашике. кашике сувог грожђа (златно суво грожђе)

25 г/1 оз/2 кашике. кашике глазираних трешања (кандираних), сецканих

225 г/8 оз/2 шоље чоколадних чипса

30 мл / 2 кашике воде

175 г/6 оз/1 шоља шећера у праху (за посластичаре), просејаног

Растопите ½ шоље/4 оз/100 г путера или маргарина са сирупом, а затим склоните са ватре и умешајте мрвице колачића, житарице, суво грожђе, вишње и три четвртине чоколадних комадића. Сипајте у подмазан и обложен плех (калуп) од 450 г/1 лб и загладите врх. Оставите у фрижидеру док се не стегне. Остатак путера или маргарина отопите са остатком чоколаде и воде. Додајте шећер у праху и мешајте док не постане глатко. Извадите колач из калупа и преполовите га по дужини. Сендвич са половином глазура од чоколаде (глазура), ставите на тањир за сервирање, па прелијте преосталом глазуром. Охладите пре сервирања.

Квадрати чоколадне мрвице

Даје око 24

225 г дигестивног кекса (грахам крекери)

100 г/4 оз/½ шоље путера или маргарина

25 г/1 оз/2 кашике шећера у праху (супер финог)

15 мл / 1 кашичица кашика златног сирупа (светли кукуруз)

45 мл/3 кашике какао праха (незаслађена чоколада)

200 г/7 оз/1¾ шоље чоколадне торте

Ставите колачиће у пластичну кесу и изгњечите оклагијом. У шерпи отопите путер или маргарин, па умешајте шећер и сируп. Уклоните са ватре и умешајте мрвице колачића и какао. Формирајте подмазан и обложен квадратни калуп величине 18 цм/7 и равномерно га притисните. Оставите да се охлади, а затим ставите у фрижидер док се не стегне.

Отопите чоколаду у посуди отпорној на топлоту постављену изнад шерпе воде која се кључа. Раширите преко колачића, обележавајући линије виљушком док се стегне. Исеците на квадрате када је чврсто.

Чоколадна торта у фрижидеру

Прави торту од 450г/1лб

100 г/4 оз/½ шоље меког смеђег шећера

100 г/4 оз/½ шоље путера или маргарина

50 г/2 оз/½ шоље чоколаде у праху

25 г/1 оз/¼ шоље какао (незаслађена чоколада) праха

30 мл / 2 кашике. кашика златног сирупа (светли кукуруз)

5 оз/150 г дигестивног кекса (грахам крекери) или кекса са богатим чајем

2 оз/¼ шоље/50 г глазираних трешања (кандираних) или мешаних орашастих плодова и сувог грожђа

100г/4оз/1 шоља млечне чоколаде

У шерпу ставите шећер, путер или маргарин, чоколаду за пиће, какао и сируп и лагано загревајте док се путер не истопи, добро мешајући. Склонити са ватре и измрвити у колачиће. Умешајте трешње или орахе и суво грожђе и сипајте у тепсију од 450 г/1 лб. Оставите да се охлади у фрижидеру. Отопите чоколаду у посуди отпорној на топлоту изнад лонца воде која се кључа. Премажите преко охлађеног колача и исеците када се стегне.

Торта од чоколаде и воћа

Прави торту од 7"/18 цм

100 г/4 оз/½ шоље путера или маргарина, отопљеног

100 г/4 оз/½ шоље меког смеђег шећера

225 г/8 оз/2 шоље мрвица дигестивног кекса (грахам крекери)

50г/2оз/1/3 шоље сувог грожђа (златно суво грожђе)

45 мл/3 кашике какао праха (незаслађена чоколада)

1 размућено јаје

Неколико капи есенције ваниле (екстракт)

Помешајте путер или маргарин и шећер, па умешајте остале састојке и добро умутите. Сипати у подмазан плех за сендвич величине 18цм/7цм и загладити површину. Ставите у фрижидер док се не стегне.

Чоколадни ђумбирски квадрати

Дајте 24

100 г/4 оз/½ шоље путера или маргарина

100 г/4 оз/½ шоље меког смеђег шећера

30 мл/2 кашике какао (незаслађена чоколада) праха

1 јаје, лагано умућено

2 шоље/8 оз/225 г мрвица колачића од ђумбира

15 мл/1 кашика сецканог кандираног (кандираног) ђумбира

Растопите путер или маргарин, па умешајте шећер и какао док се не сједине. Умешајте јаје, мрвице колачића и ђумбир. Утисните у швајцарски плех (пекач за желе) и ставите у фрижидер док се не стегне. Исеците на квадрате.

Делуке Цхоцолате Гингер Скуарес

Дајте 24

100 г/4 оз/½ шоље путера или маргарина

100 г/4 оз/½ шоље меког смеђег шећера

30 мл/2 кашике какао (незаслађена чоколада) праха

1 јаје, лагано умућено

2 шоље/8 оз/225 г мрвица колачића од ђумбира

15 мл/1 кашика сецканог кандираног (кандираног) ђумбира

100 г/4 оз/1 шоља обичне чоколаде (полуслатке)

Растопите путер или маргарин, па умешајте шећер и какао док се не сједине. Умешајте јаје, мрвице колачића и ђумбир. Утисните у швајцарски плех (пекач за желе) и ставите у фрижидер док се не стегне.

> Отопите чоколаду у посуди отпорној на топлоту постављену изнад шерпе воде која се кључа. Премажите преко торте и оставите да одстоји. Исеците на квадрате када је чоколада скоро тврда.

Колачићи од чоколаде и меда

Дајте 12

225 г/8 оз/1 шоља путера или маргарина

30 мл/2 кашике бистрог меда

90 мл/6 кашика рогача или какао праха (незаслађена чоколада)

225 г/8 оз/2 шоље слатких мрвица колачића (кекса)

Растопите путер или маргарин, мед и рогач или какао прах у тигању док се добро не сједине. Умешајте мрвице колачића. Сипајте у подмазан квадратни плех од 8 инча/20 цм и оставите да се охлади, а затим исеците на квадрате.

чоколадни миллефеуилле

Прави торту од 450г/1лб

½ пт/1¼ шоље/300 мл дупле креме (густе)

225 г/2 шоље обичне (полуслатке) чоколаде, сецкане

5мл/1 кашичица есенције ваниле (екстракт)

20 обичних кекса (колачића)

Загрејте крему у лонцу на лаганој ватри до кључања. Склоните са рингле и додајте чоколаду, промешајте, поклопите и оставите да одстоји 5 минута. Умешајте есенцију ваниле и мешајте док се не сједини, а затим ставите у фрижидер док смеса не почне да се згушњава.

Обложите калуп за хлеб од 450 г / 1 лб прозирном фолијом (пластичним омотом). На дно распоредите слој чоколаде, па на врх распоредите неколико колачића у слој. Наставите да слојевите чоколаду и колачиће док их не потрошите. Завршите слојем чоколаде. Покријте прозирном фолијом и оставите у фрижидеру најмање 3 сата. Одмотајте торту и уклоните прозирну фолију.

Лепе чоколадице

Дајте 12

100 г/4 оз/½ шоље путера или маргарина

30 мл / 2 кашике. кашика златног сирупа (светли кукуруз)

30 мл/2 кашике какао (незаслађена чоколада) праха

225 г/8 оз/1 паковање Слатки или обични кекси (кекси), грубо измрвљени

100 г/4 оз/1 шоља обичне (полуслатке) чоколаде, нарезане на коцкице

Отопите путер или маргарин и сируп, па склоните са рингле и умешајте какао и измрвљени кекс. Раширите смешу у квадратну тепсију од 9 инча/23 цм и поравнајте површину. Отопите чоколаду у посуди отпорној на топлоту изнад шерпе воде која се кључа и распоредите по врху. Мало охладите, а затим исеците на шипке или квадрате и ставите у фрижидер док се не стегне.

Чоколадни пралине квадрати

Дајте 12

100 г/4 оз/½ шоље путера или маргарина

30 мл/2 кашике шећера (супер финог)

15 мл / 1 кашичица кашика златног сирупа (светли кукуруз)

15 мл/1 кашика чоколаде у праху

8 оз/225 г дигестивног кекса (грахам крекери), здробљени

200 г/7 оз/1¾ шоље обичне чоколаде (полуслатке)

100 г/4 оз/1 шоља сецканих мешаних орашастих плодова

У шерпи отопите путер или маргарин, шећер, сируп и чоколаду за пиће. Доведите до кључања, а затим кувајте 40 секунди. Уклоните са ватре и умешајте колачиће и орахе. Утисните у подмазан калуп за торту димензија 28 к 18 цм/11 к 7 (калуп). Отопите чоколаду у посуди отпорној на топлоту изнад лонца воде која се кључа. Распоредите преко колачића и оставите да се охладе, а затим ставите у фрижидер 2 сата пре него што их исечете на квадрате.

Кокосов чипс

Дајте 12

100 г/4 оз/1 шоља обичне чоколаде (полуслатке)

30 мл/2 кашике млека

30 мл / 2 кашике. кашика златног сирупа (светли кукуруз)

4 оз/100 г напуханих пиринчаних житарица

50 г/2 оз/½ шоље исушеног кокоса (ренданог)

Чоколаду, млеко и сируп отопите у шерпи. Уклоните са ватре и умешајте житарице и кокос. Сипати у папирне кутије (папири за колаче) и оставити да одстоји.

Хрскаве шипке

Дајте 12

175 г/6 оз/¾ шоље путера или маргарина

50 г/2 оз/¼ шоље меког смеђег шећера

30 мл / 2 кашике. кашика златног сирупа (светли кукуруз)

45 мл/3 кашике какао праха (незаслађена чоколада)

75г/3оз/½ шоље сувог грожђа или султаније (златне суво грожђе)

350 г/12 оз/3 шоље хрскавих овсених пахуљица

225 г/2 шоље обичне чоколаде (полуслатке)

Отопите путер или маргарин са шећером, сирупом и какаом. Умешајте суво грожђе или суво грожђе и житарице. Смесу утисните у маслацем намазан калуп од 25 цм/12 (калуп). Отопите чоколаду у посуди отпорној на топлоту изнад лонца воде која се кључа. Распоредите по шипкама и оставите да се охлади, а затим охладите пре него што исечете на шипке.

Црунцхиес од кокосовог грожђа

Дајте 12

100г/4оз/1 шоља беле чоколаде

30 мл/2 кашике млека

30 мл / 2 кашике. кашика златног сирупа (светли кукуруз)

6 оз/175 г напуханих пиринчаних житарица

50г/2оз/1/3 шоље грожђица

Чоколаду, млеко и сируп отопите у шерпи. Уклоните са ватре и умешајте житарице и суво грожђе. Сипати у папирне кутије (папири за колаче) и оставити да одстоји.

Квадрат од млека и кафе

Дајте 20

25 г / 1 оз / 2 кашике желатина у праху

75 мл/5 кашика хладне воде

225 г/8 оз/2 шоље обичних мрвица колачића

2 оз/¼ шоље/50 г путера или маргарина, отопљеног

400 г/14 оз/1 велика конзерва испареног млека

2/3 шоље/5 оз/150 г шећера у праху (супер финог)

14 фл оз/1¾ шољица јаке црне кафе, ледене

Шлаг и кришке кандиране поморанџе (кандиране) за украшавање

Поспите желатин преко воде у чинији и оставите док не постане сунђераст. Ставите посуду у лонац са топлом водом и оставите док се не раствори. Пустите да се мало охлади. Пресавијте мрвице колачића у отопљени путер и утисните на дно и странице правоугаоног калупа за торту димензија 30 к 20 цм/12 к 8 (калуп) намазаног путером. Умутите испарено млеко док не постане густо, па постепено умешајте шећер, затим растворени желатин и кафу. Прелијте преко базе и ставите у фрижидер док се не стегне. Исеците на квадрате и украсите шлагом и кандираним поморанџама (кандираним).

Воћна торта без печења

Прави торту од 23 цм

450 г/1 лб/22/3 шоље мешаног сушеног воћа (мешавина за колаче)

450 г/1 лб обичног кекса (кекса), згњеченог

100 г/4 оз/½ шоље путера или маргарина, отопљеног

100 г/4 оз/½ шоље меког смеђег шећера

400г/14оз/1 велика конзерва кондензованог млека

5мл/1 кашичица есенције ваниле (екстракт)

Мешајте све састојке док се добро не сједине. Сипати у намазан калуп за торте величине 9/23 цм прекривен прозирном фолијом и поравнати. Оставите у фрижидеру док се не стегне.

воћни квадрати

Приноси око 12

100 г/4 оз/½ шоље путера или маргарина

100 г/4 оз/½ шоље меког смеђег шећера

400г/14оз/1 велика конзерва кондензованог млека

5мл/1 кашичица есенције ваниле (екстракт)

250 г/9 оз/1½ шоље мешаног сушеног воћа (мешавина за колаче)

100 г/4 оз/½ шоље глазираних трешања (кандираних)

50 г/2 оз/½ шоље сецканих мешаних орашастих плодова

400 г/14 оз обичног кекса (кекса), згњеченог

На лаганој ватри отопите путер или маргарин и шећер. Додајте кондензовано млеко и есенцију ваниле и склоните са ватре. Помешајте преостале састојке. Утисните у подмазан плех за швајцарске векне (тепсију за желе) и оставите у фрижидеру 24 сата док се не стегне. Исеците на квадрате.

Крекери од воћа и влакана

Дајте 12

100 г/4 оз/1 шоља обичне чоколаде (полуслатке)

2 оз/¼ шоље/50 г путера или маргарина

15 мл / 1 кашичица кашика златног сирупа (светли кукуруз)

100 г/4 оз/1 шоља житарица за доручак са воћем и влакнима

Отопите чоколаду у посуди отпорној на топлоту изнад лонца воде која се кључа. Умутити путер или маргарин и сируп. Умешајте житарице. Сипајте у папирне кутије (папири за колаче) и оставите да се охлади и стегне.

Ноугат слој торта

Прави торту од 900 г/2 лб

15 г/½ оз/1 кашика желатина у праху

100 мл/3½ фл оз/6½ кашике воде

1 кесица ситних сунђера

8 оз/1 шоља путера или маргарина, омекшаног

50 г/2 оз/¼ шоље шећера (супер финог)

400г/14оз/1 велика конзерва кондензованог млека

5 мл / 1 кашичица лимуновог сока

5мл/1 кашичица есенције ваниле (екстракт)

5 мл/1 кашичица креме од каменца

2/3 шоље/4 оз/100 г сушеног мешаног воћа (мешавина за колаче), сецканог

Поспите желатин преко воде у малој чинији, а затим ставите посуду у шерпу са врућом водом док желатин не постане провидан. Мало охладите. Тепсију (лим) обложите алуминијумском фолијом од 900 г/2 лб тако да фолија прекрије горњи део тепсије, а затим поређајте половину бисквита на дно. Умутити путер или маргарин и шећер док не постану кремасти, па умешати све преостале састојке. Сипајте у калуп и по врху распоредите преостали бисквит. Покријте алуминијумском фолијом и ставите утег на врх. Оставите у фрижидеру док се не стегне.

Млеко и мускатни орашчић

Дајте 20

За базу:

225 г/8 оз/2 шоље обичних мрвица колачића

30 мл/2 кашике меког смеђег шећера

2,5 мл/½ кашичице ренданог мушкатног орашчића

100 г/4 оз/½ шоље путера или маргарина, отопљеног

За пуњење:

1,2 литра/2 ктс/5 шоља млека

25 г/1 оз/2 кашике путера или маргарина

2 јаја, одвојена

225 г/8 оз/1 шоља шећера у праху (супер финог)

100 г/4 оз/1 шоља кукурузног брашна (кукурузни скроб)

50 г/2 оз/½ шоље обичног брашна (за све намене)

5 мл/1 кашичица прашка за пециво

Прстохват рендaног мушкатног орашчића

рендани мушкатни орашчић за посипање

Да бисте направили подлогу, помешајте мрвице колачића, шећер и мускатни орашчић у отопљени путер или маргарин и утисните на дно калупа за векне 30 к 20 цм/12 к 8.

Да бисте направили фил, 1¾ шоље/1 литар/4¼ шоље млека прокувајте у великој шерпи. Додајте путер или маргарин. Умутите жуманца са остатком млека. Помешајте шећер, кукурузни скроб, брашно, прашак за пециво и мушкатни орашчић. Умутите мало кључалог млека у мешавину жуманаца док се добро не сједини у смесу, а затим умешајте тесто у кључало млеко, непрестано мешајући на лаганој ватри неколико минута док се не згусне. Уклоните са ватре. Умутите беланца у чврст снег, па их умешајте у смесу. Прелијте подлогу и обилно поспите мушкатним орашчићем. Оставите да се охлади, а затим охладите и исеците на квадрате пре сервирања.

Хрскави мусли

Чини око 16 квадрата

400 г/14 оз/3½ шоље обичне чоколаде (полуслатке)

45 мл / 3 кашике. кашика златног сирупа (светли кукуруз)

25 г/1 оз/2 кашике путера или маргарина

Око 225 г/2/3 шоље муслија

Растопите половину чоколаде, сируп и путер или маргарин. Постепено умешајте довољно муслија да добијете чврсту смесу. Утисните у подмазан плех за швајцарску векну (тепсију за желе). Отопите преосталу чоколаду и загладите врх. Охладите у фрижидеру пре резања на квадрате.

Оранге Моуссе Скуарес

Дајте 20

25 г / 1 оз / 2 кашике желатина у праху

75 мл/5 кашика хладне воде

225 г/8 оз/2 шоље обичних мрвица колачића

2 оз/¼ шоље/50 г путера или маргарина, отопљеног

400 г/14 оз/1 велика конзерва испареног млека

2/3 шоље/5 оз/150 г шећера у праху (супер финог)

400 мл/14 фл оз/1¾ шоље сока од поморанџе

Шлаг и чоколадне бомбоне за украшавање

Поспите желатин преко воде у чинији и оставите док не постане сунђераст. Ставите посуду у лонац са топлом водом и оставите док се не раствори. Пустите да се мало охлади. Пресавијте мрвице колачића у отопљени путер и притисните на дно и странице калупа за торту димензија 30 к 20 цм/12 к 8 (калупа) намазаног путером. Млеко умутите док не постане густо, па постепено умешајте шећер, а затим раствореци желатин и сок од поморанџе. Прелијте преко базе и ставите у фрижидер док се не стегне. Исеците на квадрате и украсите шлагом и чоколадним бомбонима.

Кикирики квадрати

Даје 18

225 г/8 оз/2 шоље обичних мрвица колачића

100 г/4 оз/½ шоље путера или маргарина, отопљеног

8 оз/1 шоља хрскавог путера од кикирикија

25 г/1 оз/2 кашике. кашике глазираних вишања (кандираних)

25 г / 1 оз / 3 кашике огрозда

Мешајте све састојке док се добро не сједине. Утисните у подмазан калуп 25цм/12 и ставите у фрижидер да се стегне, а затим исеците на квадрате.

Пеперминт карамел колачи

Даје 16

400г/14оз/1 велика конзерва кондензованог млека

600 мл/1 пт/2½ шоље млека

30 мл/2 кашике креме за пециво

225 г/8 оз/2 шоље мрвица дигестивног кекса (грахам крекери)

100 г/4 оз/1 шоља чоколаде од нане, изломљене на комаде

Ставите неотворену конзерву кондензованог млека у шерпу напуњену са довољно воде да покрије конзерву. Пустите да проври, поклопите и кувајте 3 сата, по потреби доливајући кључале воде. Оставите да се охлади, а затим отворите кутију и извадите карамел.

Загрејте 2¼ шоље/17 фл оз/500 мл млека са карамелом, доведите до кључања и мешајте док се не истопи. Помешајте крему у праху у пасту са преосталим млеком, па умешајте у шерпу и наставите да динстате док се не згусне уз стално мешање. Поспите половину мрвица колачића на дно подмазаног квадратног плеха од 20 цм, а затим на врх ставите половину крем карамеле и поспите половином чоколаде. Поновите слојеве, а затим оставите да се охлади. Оставите у фрижидеру, а затим исеците на порције за сервирање.

Пиринчани крекери

Дајте 24

175 г/6 оз/½ шоље бистрог меда

225г/8оз/1 шоља грануланог шећера

60 мл/4 кашике воде

350 г/12 оз/1 кутија напуханих пиринчаних житарица

100 г/4 оз/1 шоља печеног кикирикија

Отопите мед, шећер и воду у великој шерпи, а затим оставите да се охлади 5 минута. Умешајте житарице и кикирики. Разваљајте у куглице, ставите у папирне кутије (папир за колаче) и оставите да се охлади и стегне.

Тоффе од пиринча и чоколаде

Прави 225г/8оз

2 оз/¼ шоље/50 г путера или маргарина

30 мл / 2 кашике. кашика златног сирупа (светли кукуруз)

30 мл/2 кашике какао (незаслађена чоколада) праха

60мл/4 тсп кашика шећера у праху (супер финог)

50 г/2 оз/½ шоље млевеног пиринча

Растопите путер и сируп. Умешајте какао и шећер док се не растворе, а затим умешајте млевени пиринач. Лагано доведите до кључања, смањите ватру и лагано кувајте 5 минута, непрестано мешајући. Сипати у маслацем обложен квадратни калуп од 20 цм и оставити да се мало охлади. Исеците на квадрате, а затим оставите да се потпуно охлади пре него што га извадите из калупа.

паста од бадема

Покрива врх и стране торте од 23 цм

225 г/2 шоље млевених бадема

8 оз/1 1/3 шоље/225 г шећера (кондиторског) шећера, просејаног

225 г/8 оз/1 шоља шећера у праху (супер финог)

2 јаја, лагано умућена

10 мл/2 кашичице лимуновог сока

Неколико капи есенције бадема (екстракт)

Умутити заједно бадеме и шећер. Постепено додајте остале састојке док не добијете глатку пасту. Умотајте у прозирну фолију (пластичну фолију) и ставите у фрижидер пре употребе.

Бадемова паста без шећера

Покрива врх и стране торте од 6"/15 цм

100 г/4 оз/1 шоља млевених бадема

50 г/2 оз/½ шоље фруктозе

25 г/1 оз/¼ шоље кукурузног брашна (кукурузни скроб)

1 јаје, лагано умућено

Мешајте све састојке док не добијете глатку пасту. Умотајте у прозирну фолију (пластичну фолију) и ставите у фрижидер пре употребе.

Краљевска глазура

Покрива врх и стране торте од 20 цм

5 мл / 1 кашичица лимуновог сока

2 беланца

22/3 шоље / 1 лб / 450 г шећера (кондиторског) шећера, просијаног

5 мл/1 кашичица глицерина (опционо)

Помешајте лимунов сок и беланца и постепено умутите шећер у праху док глазура (глазура) не постане глатка и бела и не прекрије полеђину кашике. Неколико капи глицерина ће спречити да глазура постане превише ломљива. Покријте влажном крпом и оставите да одстоји 20 минута како би мехурићи ваздуха изашли на површину.

Глазура ове конзистенције може се прелити преко торте и загладити ножем умоченим у врелу воду. За цеви додајте још шећера у праху да би глазура била довољно чврста да формира врхове.

глазура без шећера

Чини довољно да покрије торту од 6"/15 цм

50 г/2 оз/½ шоље фруктозе

Прстохват соли

1 беланца

2,5 мл/½ кашичице лимуновог сока

Прерадите фруктозни прах у процесору хране док не буде фин као шећер у праху. Умешајте со. Пребаците у посуду отпорну на топлоту и умешајте беланце и лимунов сок. Ставите посуду на лонац са кључањем воде и наставите да мутите док се не формирају чврсти врхови. Уклоните са ватре и умутите док се не охлади.

Фондант Ицинг

Чини довољно да покрије торту од 20 цм

450 г/1 лб/2 шоље гриза (супер финог) или коцке шећера

150 мл/¼ пт/2/3 шоље воде

15 мл/1 кашика течне глукозе или 2,5 мл/½ кашике креме од каменца

У великој шерпи са тешким дном растворите шећер у води на лаганој ватри. Обришите странице калупа четком умоченом у хладну воду да спречите стварање кристала. Растворите тартар у мало воде, па сипајте у шерпу. Пустите да проври и стално кључајте на 242°Ф/115°Ц када кап глазуре формира мекану куглу када се баци у хладну воду. Полако сипајте сируп у посуду отпорну на топлоту и оставите док се не формира кора. Мутите глазуру дрвеном кашиком док не постане непрозирна и чврста. Мешати док не постане глатко. Поново загрејте у посуди отпорној на топлоту изнад шерпе са топлом водом да омекша, ако је потребно, пре употребе.

глазура од путера

Довољно за пуњење и покривање торте од 20 цм

100 г/4 оз/½ шоље путера или маргарина, омекшаног

8 оз/ 11/3 шоље/225 г шећера (кондиторског) шећера, просејаног

30 мл/2 кашике млека

Умутити путер или маргарин док не омекша. Постепено мешајте шећер у праху и млеко док се не сједине.

Чоколадна глазура

Довољно за пуњење и покривање торте од 20 цм

30 мл/2 кашике какао (незаслађена чоколада) праха

15 мл / 1 кашика кључале воде

100 г/4 оз/½ шоље путера или маргарина, омекшаног

8 оз/11/3 шоље/225 г шећера (кондиторског) шећера, просејаног

15 мл / 1 кашика млека

Помешајте какао у пасту са кипућом водом, а затим оставите да се охлади. Умутити путер или маргарин док не омекша. Постепено додајте мешавину шећера у праху, млека и какаоа док се добро не сједини.

Глазура од путера од беле чоколаде

Довољно за пуњење и покривање торте од 20 цм

100г/4оз/1 шоља беле чоколаде

100 г/4 оз/½ шоље путера или маргарина, омекшаног

8 оз/11/3 шоље/225 г шећера (кондиторског) шећера, просејаног

15 мл / 1 кашика млека

Отопите чоколаду у посуди отпорној на топлоту која је постављена изнад лонца воде која се кључа, а затим оставите да се мало охлади. Умутити путер или маргарин док не омекша. Постепено умутите шећер у праху, млеко и чоколаду док се не сједине.

Глазура од путера од кафе

Довољно за пуњење и покривање торте од 20 цм

100 г/4 оз/½ шоље путера или маргарина, омекшаног

8 оз/ 11/3 шоље/225 г шећера (кондиторског) шећера, просејаног

15 мл / 1 кашика млека

15 мл/1 кашика есенције кафе (екстракт)

Умутити путер или маргарин док не омекша. Постепено мешајте шећер у праху, млеко и есенцију кафе док се не сједине.

глазура од лимуновог путера

Довољно за пуњење и покривање торте од 20 цм

100 г/4 оз/½ шоље путера или маргарина, омекшаног

8 оз/ 11/3 шоље/225 г шећера (кондиторског) шећера, просејаног

30 мл/2 кашике лимуновог сока

Рендана кора од 1 лимуна

Умутити путер или маргарин док не омекша. Постепено умутите шећер у праху, лимунов сок и корицу док се не сједине.

Глазура од путера од поморанџе

Довољно за пуњење и покривање торте од 20 цм

100 г/4 оз/½ шоље путера или маргарина, омекшаног

8 оз/ 11/3 шоље/225 г шећера (кондиторског) шећера, просејаног

30 мл/2 кашике сока од поморанџе

Рендана кора 1 поморанџе

Умутити путер или маргарин док не омекша. Постепено умутите шећер у праху, сок од поморанџе и корицу док се не сједине.

Сирна глазура

Чини довољно да покрије торту од 25 цм

75г/3оз/1/3 шоље крем сира

30 мл / 2 кашике. кашика путера или маргарина

350 г/12 оз/2 шоље шећера у праху (за посластичаре), просејаног

5мл/1 кашичица есенције ваниле (екстракт)

Умутите сир и путер или маргарин док не постану глатки. Постепено додајте шећер у праху и есенцију ваниле док не добијете глатку и кремасту глазуру.

Наранџаста глазура

Чини довољно да покрије торту од 25 цм

250 г/9 оз/1½ шоље шећера (бомбона), просијаног

30 мл / 2 кашике. кашике путера или маргарина, омекшали

Неколико капи есенције бадема (екстракт)

60 мл/4 кашике сока од поморанџе

У чинију ставите шећер у праху и умешајте путер или маргарин и есенцију бадема. Постепено умешајте довољно сока од поморанџе да добијете чврсту глазуру.

CPSIA information can be obtained
at www.ICGtesting.com
Printed in the USA
BVHW082205130922
646893BV00010B/665

9 781837 522361